# 古代歷史文化 研究輯刊

## 三二編

王明蓀 主編

# 第26冊

## 河南佛教寺廟（上）

王宏濤 著

國家圖書館出版品預行編目資料

河南佛教寺廟（上）／王宏濤 著 -- 初版 -- 新北市：花木蘭
文化事業有限公司，2024〔民 113〕
目 4+188 面；19×26 公分
（古代歷史文化研究輯刊 三二編；第 26 冊）
ISBN 978-626-344-889-6（精裝）
1.CST：寺廟 2.CST：佛教史 3.CST：河南省
618                                             113009494

ISBN-978-626-344-889-6

古代歷史文化研究輯刊
三二編　第二六冊　　　　　　ISBN：978-626-344-889-6

## 河南佛教寺廟（上）

| | |
|---|---|
| 作　　　者 | 王宏濤 |
| 主　　　編 | 王明蓀 |
| 總 編 輯 | 杜潔祥 |
| 副總編輯 | 楊嘉樂 |
| 編輯主任 | 許郁翎 |
| 編　　　輯 | 潘玟靜、蔡正宣　美術編輯　陳逸婷 |
| 出　　　版 | 花木蘭文化事業有限公司 |
| 發 行 人 | 高小娟 |
| 聯絡地址 | 235 新北市中和區中安街七二號十三樓 |
| | 電話：02-2923-1455／傳真：02-2923-1452 |
| 網　　　址 | http://www.huamulan.tw 信箱 service@huamulans.com |
| 印　　　刷 | 普羅文化出版廣告事業 |
| 初　　　版 | 2024 年 9 月 |
| 定　　　價 | 三二編 28 冊（精裝）新台幣 84,000 元 |

# 河南佛教寺廟（上）

王宏濤　著

## 作者簡介

王宏濤（1976～），男，漢族，河南偃師人，歷史學博士，鞍山師範學院副教授，洛陽玄奘文化研究會副會長。主要研究方向為佛教文化，對菩薩信仰、石窟寺考古、寺廟歷史、玄奘文化均有涉獵。曾出版《古代域外普賢信仰研究》《西安佛教寺廟》《西安佛教祖庭》《簡明佛教文化通覽》《水泉石窟》《月印萬川——華嚴宗及其祖庭》《開封繁塔造像磚精粹》《玄奘與洛陽》八部專著。在《世界宗教研究》《五臺山研究》《中國道教》、《法音》等期刊發表論文二十餘篇。

## 提　　要

　　河南歷史上高僧雲集，他們在河南弘法、翻經、建寺，留下無數神奇的故事和傳說，承載這些故事與傳說的主體就是古寺廟。這些寺廟，有些是聞名遐邇的祖庭，如洛陽白馬寺、鄭州少林寺；有些是聲名顯赫的皇家寺院，如開封大相國寺；有些曾是歷史上著名的譯經道場，如洛陽大福先寺、天宮寺；有些是著名佛教派別的發源地，如地論宗的發源地安陽洪谷寺和修定寺、三階教的發源地安陽靈泉寺、天台宗的發源地信陽淨居寺、密宗的發源地洛陽廣化寺等；有些是動人故事的出處，如著名「三生石」故事的出處洛陽孟津慧林寺；還有些是歷史上著名高僧曾經活動過且留有遺跡的，如十六國時期的僧界領袖道安法師曾經居住和弘法的洛陽興國寺、以及淨土宗祖師曇鸞曾經擔任過維那的鄭州超化寺。這些古寺廟多數位於旅遊中心，多數本身就是全國，至少是當地人的觀光目的地。讓人們瞭解這些著名寺院的歷史與過去，瞭解河南佛寺的整體面貌與歷史貢獻，是本書寫作的初心。總的而言，律宗、三階教、禪宗、密宗、華嚴宗、唯識宗、天台宗的產生與發展與河南的關係更深些，三論宗與河南的關係最為疏遠，淨土宗的祖師們在河南的活動較少，但當下發展較好。

本書是鞍山師範學院博士科研啟動項目「玄奘與洛陽關係研究」的前期研究成果（項目號：23b12）。

# 目次

# 第一章　中國佛教祖庭——白馬寺

白馬寺山門

　　洛陽白馬寺作為中國佛教祖庭、「釋源」的地位在教內教外並無爭議，也獲得了國際上的一致認可。西漢哀帝時期（公元前2年），大月氏使者伊存授經於漢博士弟子景盧，最多只能說明佛法進入中國，但寺廟僧人都還沒有入華。北魏楊衒之的《洛陽伽藍記》記載：「白馬寺，漢明帝所立也。佛人中國之始，寺在西陽門外三里御道南。帝夢金神，長丈六，項背日月光明。金神號曰佛。遣使向西域求之，乃得經像焉。」東漢明帝劉莊夜夢金人，高丈六，脖子和身體後有背光，感到很驚奇，第二天向群臣詢問，大臣傅毅認為可能就是西方的佛陀。於是明帝於永平七年派蔡愔、秦景、王遵為使者去西域求經。蔡

愔等在蔥嶺外的大月氏故地抄得《四十二章經》，並請得高僧攝摩騰、竺法蘭到洛陽弘法。

　　「寺」本是國家國家行政機構的專稱，如太常寺、鴻臚寺、大理寺、太僕寺、光祿寺等，太常寺負責天文曆法、禮樂等事物；鴻臚寺則負責朝會、祭祀、接待外賓等儀式性的事物；大理寺負責法律斷案，為最高法院；太僕寺掌車馬之事物；光祿寺最早管理宮廷宿衛與侍從，唐以後則管理膳食。當攝摩騰、竺法蘭兩位高僧來到洛陽後，被安置在招待外賓的鴻臚寺，後在城西的雍門外起塔建精舍，為了表示對外賓的尊重，仍以寺為名，後來就開創了佛教寺廟稱為「寺」的先河。關於白馬寺的得名，楊衒之《洛陽伽藍記》云：「時白馬負而來，因以為名。」說為紀念白馬馱經而名白馬寺。慧皎《高僧傳》則還有另外一個說法。相傳印度有一王破壞佛寺，只剩一招提（寺），夜裏該王夢見有一白馬繞塔悲鳴，故王因之停止破壞寺廟，該寺得名為白馬寺。「故諸寺立名多取焉。」佛教初入中國，與中國固有文化不會沒有衝突。依此推之，命名為白馬寺可能有啟示皇帝不要破壞寺廟之意。還有第三種說法，王士元先生在其《白馬非馬：一個俗語言的考察》中認為，白馬寺中的白馬，是印度梵語「Padma」的音譯，意為「蓮花」〔註1〕。但民間多認同白馬馱經的說法。傳言白馬馱經返回到洛陽的時間是永平十年丁卯十二月三十日（公元 68 年），一般此日定位白馬寺創立的日子。

　　嚴格來說，作為宗教場所，「寺」與「廟」還是有區別的。「寺」一般是佛教活動場所的稱呼，「廟」則早期為帝王祭祀祖先的場所，如伏羲廟；秦漢開始則將有功的人死後也供奉進去，享受人們的祭祀禮拜。如關帝廟、孔廟、岳飛廟等等，後來多為道教活動場所的稱呼，如呂祖廟、王母廟、水王廟、火神廟等等。但後來佛寺所辦的法會也稱為「廟會」，「廟」成了一個似乎涵蓋寺院的總稱，在民間不作具體區分。

## 一、東漢時期的白馬寺

　　漢明帝夜夢金人，夢見的佛像是什麼樣子？《法苑珠林》卷十三記載：「初使者蔡愔將西域沙門迦葉摩騰等，齎優填王畫釋迦倚像，帝重之，如夢所見也。乃遣畫工圖之數本，於南宮清涼臺及開陽門顯節壽陵上供養，又於白馬寺壁，畫千乘萬騎繞塔三匝之，像如諸傳備載。」這就是說，當初攝摩騰與竺法蘭來

---

〔註 1〕徐時儀：《白馬寺寺名探疑》，《古籍整理研究學刊》2002 年第 4 期。

洛陽時，就帶有優填王所畫釋迦坐像，這個像也就是漢明帝所夢的樣子。優填王所造釋迦像什麼來歷？什麼樣子？

### 白馬寺印度風格殿

據《增一阿含經》卷28講，釋迦佛成道之後，到忉利天宮為其母親摩耶夫人說法，一去三個月不歸，喬賞彌國的國王優填王因想念世尊而不得見，於是請目犍連尊者以神通力接畫工到天宮，畫下世尊的樣貌，廣為供養。這就是著名的優填王所造之釋迦佛像，簡稱優填王像。釋迦佛像倚坐於石壁上，兩腿自然下垂，雙腳踏蓮花寶座。身上薄衣貼體，衣服沒有紋理，只是在袖口初有一道紋樣，看出穿有衣服。

東漢時期的白馬寺，似乎是圍繞著齊雲塔而建立的〔註2〕，這也是當時通行的印度式樣佛寺規格。白馬寺現存有《摩騰入漢靈異記》碑一通，是後唐僧人景遵所書，記錄了他所知道的關於白馬寺舍利塔的緣起：

> 己巳之歲四月八日，孝明皇帝駕幸鴻臚卿寺，謁二三藏，問對數次，彌加禮重。得迦葉摩騰□陛下曰：「寺之東鄰是何館室？」皇帝曰：「彼中疇，昔無故忽然勇起，可及丈餘。人或之平，尋復隆阜，其上往往時發光明，民所異之。乃聞上國政，因諺祀典，遂名『洛陽土地之神』。其所阜者，土俗謂之聖冢。今在庭中，凡所祝告，皆隨懇願。自周而下，蟬聯祭享，情未知由。」三藏曰：「噫！余嘗於

---

〔註 2〕陳長安：《釋源考》，《河洛春秋》2010 年第 3 期。

中印度躬覽合藏，其中所云：『如來滅度百年之後，有阿恕伽王起八萬四千七寶塔，安佛舍利。耶閣羅漢，運以神通，將右手掩日，放八萬四千光，攝眾寶塔，住彼光內，旁視四維，上極空界，八萬四千，同時而葬。』又曰：「東土支那，有一十九處，世主有緣，為時而出。余今至此，屢目神光，無異中印度光明矣。今陛下所言聖冢者，乃十九數中之一，必不虛焉。」是時二三藏遂命皇帝並百僚，同詣彼廟，列聖冢之前。三藏數座具而諦禮，皇帝與宰臣之禮。當□□聖冢上現一圓相影，二三藏禮皇帝，三身如鑑照容，分明內現。其餘臣僚，但睹其光，不現其身。□相謂曰：「我輩寡福，不現其身。」由是念言，各見其身，獨在光內。皆曰：「其□偏照於我。」已而二三藏以梵語□歎，而眾咸稱未之有也。時皇帝聖情悅懌，云□素□，感恨流涕，語二三藏曰：「朕若不偶二師，□能覺佛遺祐矣。」自是方深信釋迦牟尼真身舍利之塔也。

皇帝遂敕所司，令稟三藏制度，崇建浮圖。自是年三月一日起□，至庚午歲十二月八日，厥功告畢。凡九層，高五百尺，岌若岳峙，塔□齊雲，寺通白馬。至後周二年四月八日，塔上現五色神光，天香氤氳。因知何至。而自光中出一金掌，持起寶塔，可高尺餘。色如琉璃，內外明徹，自午及申，微微方隱。時皇帝洎宰臣並士庶咸瞻勝相，欽玩無斁。人之右繞，光亦右繞；人之左旋，光亦左旋。皆悉歡仰，不知所以然而然也。當時□□□千眾，中有梵僧九人。僧伽摩羅等咸謂：「正是阿恕伽王□□所造之塔真樣也。竺乾亦有三處，我曾數禮奉，因是靈感，彌益信心，□流終古。」長興二年二月八日記，巨宋天禧五年正月七日重建。

公元69年4月8日，漢明帝去鴻臚寺拜訪「二三藏」，即攝摩騰和竺法蘭二位三藏法師，二位法師問明帝，鴻臚寺東邊的是什麼建築？明帝講，早在周朝中期的某個時間，那個地方忽然鼓起來一丈多高，把它推平後，它就會再次隆起，還常常發出光明，老百姓都覺得奇怪，就上報朝廷，每年祭祀，稱之為「洛陽土地神」，老百姓俗稱之為「聖冢」，凡有許願禱告，都能實現，自從周代以來，每年都祭祀，再具體的情況就不大瞭解了。法師講：「我曾經在中印度閱讀藏經，其中講到，如來滅度百年後，有阿育王（阿恕伽王）建立起八萬四千七寶塔，安放佛舍利。當時有個名叫耶閣的羅漢，運用神力，用右手握住太

陽，放出八萬四千光芒，照耀阿育王所建的寶塔上，將佛的八萬四千多塊舍利，同時安放到寶塔內。在東邊的支那國（中國），有十九處，如果與國王有緣，就會出現。我在洛陽屢次看到神光，和印度看到的一樣，你們所說的聖冢，必然就是佛舍利在中國的十九處之一。」於是漢明帝和百官陪同兩位法師到聖冢前，向聖冢行禮，聖冢上就出現了一個圓光面，將皇帝和二位法師罩住，臣僚們只看見光而看不見他們的身影。臣下相互說，我們沒福氣，神光不照到我們身上。剛有這樣的感歎，就發現自己也都被光罩住。皇帝感歎地說，要不是遇到兩位法師，我怎能知道這是佛的遺骨呢！從此相信這就是釋迦牟尼的真身舍利塔。

　　於是皇帝敕令有司，按照二位三藏法師所講的印度規制，建立佛塔。工程從 69 年的 3 月 1 日到第二年的 12 月 8 日才完工。舍利塔高五百尺，共九層，被稱為「齊雲塔」。後周二年 4 月 8 日，塔上現五色神光，光中伸出金掌，將寶塔托起一尺多高，從中午到下午申時（3 點到 5 點）才消失。當時從皇帝到大臣都到場觀看，讚歎不已。人群中有九名外國僧人，僧伽摩羅等人說，這正是阿育王所造之塔的祥瑞啊，印度的犍陀羅也有三處，我曾經幾次前去禮拜，就發生這樣的感應，因此增加了信心。後唐天興二年（931）2 月 3 日記錄，宋真宗天禧五年（1021）1 月 7 日再次重建。

齊雲塔

三國時期白馬寺有著名的僧人法時（曇柯迦羅）和康僧鎧。法時，古印度人。他於曹魏嘉平年間（249年）來到洛陽，有人鑒於僧人不知戒律，提出希望法時系統翻譯律典，但法時認為佛教在中國尚未立足，嚴格律法恐影響佛教在中國的發展。但他還是翻出了《僧祇戒心》一卷，這是中國佛教最早的戒本。慧皎的《高僧傳》只是講曇柯迦羅在洛陽譯出《僧祇戒心》，並未明說是在白馬寺翻譯的，但清代如琇和尚的《洛京白馬寺釋教源流碑記》則講：「至魏文帝黃初三年壬寅，有沙門曇柯迦羅，中印土人，來至洛陽，大行佛法，於白馬寺譯《僧祇戒本》一卷，更集梵僧立羯摩受戒，東夏戒律，實稱鼻祖。」他的說法也許有所本吧。

康僧鎧，中亞康居國人，曹魏嘉平年間來到洛陽，於嘉平四年（252年）譯出《無量壽經》，這是中國最早翻出的淨土類經典。沙門曇諦，安息國人，曹魏正元年間（254～256年）來到洛陽。在洛陽翻出《曇無德羯磨律》一卷。促進了律學在中國的發展。天竺就是古印度，康居國位於今烏茲別克斯坦境內撒馬爾罕一帶，安息國位於今天的伊朗境內，當時其東部有不少佛教信徒。〔註3〕三國時期洛陽的著名僧人還有帛延，帛延是西域人，從其姓「帛」來看，應該是西域龜茲人，「帛」也就是「白」，龜茲國王就是白姓。帛延於曹魏末年來到洛陽，在洛陽譯出《無量清淨平等覺經》等5部經典。鑒於三國時期，洛陽地區佛寺很少，有記載的只有白馬寺，故曇柯迦羅、康僧鎧、曇諦、帛延都有可能是白馬寺的僧人。三國時期，不斷地有僧人從南亞、西亞、中亞來洛陽弘法，說明當時絲綢之路比較暢通，中外交流很興盛。

敦煌菩薩竺法護，是西晉最具有代表性的佛教僧人。他原本是月支人，8歲出家，隨竺高座雲遊西域諸國，通曉三十六國語言。由於感歎寺廟佛像興於京城，而「方等深經」則蘊於蔥嶺之外，因而決定將大乘佛教經典全面翻譯為漢文。他主要活動於從敦煌到洛陽一線，共翻譯佛經91部，208卷。其中，《光贊般若波羅蜜經》與《正法華經》最有名。東晉道安法師認為法護的譯經「辯妙婉顯」、「宏達欣暢」、「樸則近本」，認為他的翻譯既能夠反映出佛經的精妙，又很流暢，最重要的是能夠真實地反映佛經的本意，給予過高度評價。梁僧佑也稱讚說：「經法所以廣流中華者，護之力也。」晉代文人孫綽作《道賢論》，他與竹林七賢中的山巨源相提並論。他說：「護公德居物宗，巨源位登論道，二公風德高遠，足為流輩矣」。法護因世居敦煌，德化遐邇，

---

〔註3〕王宏濤：《安息帝國的佛教》，《黑龍江史志》2013年第13期。

故時人尊他為敦煌菩薩。他在白馬寺翻譯的佛經有《文殊師利淨律經》和《魔逆經》。

《魔逆經記第十五出經後記》記載：「太康十年十二月二日，月支菩薩法護，手執梵書口宣晉言，聶道真筆受，於洛陽城西白馬寺中始出。」〔註4〕《文殊師利淨律經記第十八》經後記云：「沙門竺法護，於京師遇西國寂志，從出此經，經後尚有數品，其人忘失，輒宣現者轉之為晉，更得其本補令具足。太康十年四月八日，白馬寺中，聶道真對筆受，勸助劉元謀、傅公信、侯彥長等。」〔註5〕長安青門外也有白馬寺，即今敦煌寺〔註6〕，竺法護也曾在那里長期翻經，但《魔逆經》明確講是在洛陽白馬寺翻出的，《文殊師利淨律經》講是在京師白馬寺，僧佑生活於公元445～518年，他講的京師，指的就是當時的首都洛陽。

北魏時期，高僧佛陀扇多曾在白馬寺譯經。佛陀扇多，北印度人，曾和當時的名僧菩提流支與勒拿摩提一起翻譯唯識宗著名的《十地經論》，為地論學派的傳播做出貢獻。據《續高僧傳》記載，佛陀扇多曾在白馬寺翻經：「又有北天竺僧佛陀扇多，魏言覺定，從正光元年（520年）至元象二年（539年），於洛陽白馬寺及鄴都金華寺譯出《金剛上昧》等經十部。」〔註7〕

北朝高僧慧光（468～537）也入住過白馬寺。慧光，俗姓楊，河北滄州人，主要活動於六世紀前期。據說他聰明異常，往往剛學完經文就能宣講，被時人稱為「聖沙彌」，慧光師從名僧勒那摩提，參與了對《十地經論》的翻譯，當菩提流支和勒那摩提就某一問題發生異議時，慧光常常能夠提出獨到的觀點，彌合兩人的不同。慧光聞名於東魏、北齊，是當時佛教界的領袖，慧光還注釋過《四分律》，被公認為是佛教華嚴宗和律宗的祖師。

當時白馬寺還有以神通知名的僧人寶公。《洛陽伽藍記》記載：「有沙門寶公者，不知何處人也，形貌醜陋，心識通達，過去未來，預睹三世。發言似讖，不可得解，事過之後，始驗其實。胡太后聞之，問以世事。寶公曰：把粟與雞呼朱朱。時人莫之能解，建義元年，後為尒朱榮所害，始驗其言。」〔註8〕傳

---

〔註4〕梁僧佑著：《出三藏記集》卷7，《大正藏》第55冊，第50頁中。

〔註5〕梁僧佑著：《出三藏記集》卷7，《大正藏》第55冊，第51頁中。

〔註6〕王宏濤：《西安佛教祖庭》，西安電子科技大學出版社，2015年12月。

〔註7〕（唐）道宣著，郭紹林點校《續高僧傳》，北京：中華書局，2014年9月，第14頁。

〔註8〕（北魏）楊衒之著，周祖謨校譯：《洛陽伽藍記》，北京：中華書局，2012年3月，第135～136頁。

言他相貌醜陋卻證得宿命通，能預知過去、現在未來之事。經常能出讖語而常常應驗。據說曾準確預測當時胡太后被殺的結局。

《洛陽伽藍記》還記載了白馬寺當時的一些情況：

> 明帝崩，起祇洹於陵上，自此從後，百姓冢上或作浮圖焉。寺上經函，至今猶存，常燒香供養之。經函時放光明耀於堂宇，是以道俗禮敬之，如仰真容。

> 浮屠前奈林蒲萄異於餘處，枝葉繁衍，子實甚大。奈林實重七斤，蒲萄實偉棗，味並殊美，冠於中京。帝至熟時常詣取之，或復賜宮人。宮人得之，轉餉親戚，以為奇味。得者不敢輒食，乃歷數家。京師語曰：白馬甜榴，一實值牛。〔註9〕

**攝摩騰墓**

楊衒之講的「祇洹」即精舍、寺廟的意思，他講東漢明帝死後，在自己的陵墓前建立寺廟，從那時起，老百姓也經常在自己的冢前雕刻佛像。到楊衒之生活的北魏末年，距離漢明帝時期已經五百年了，漢代時翻《四十二章經》的經函，還保存在寺裏，寺僧常常燒香供養。《水經注》云：「於是發使天竺，寫致經像，始以榆函盛經，白馬負圖，表之中夏，故以白馬為寺名，此榆函後移

---

〔註9〕（北魏）楊衒之著，周祖謨校譯：《洛陽伽藍記》，北京：中華書局，2012年3月，第134頁。

在城內愍懷太子浮屠中，近世復遷此寺。」〔註10〕可見，此經函最初是用榆木做的寶函裝經，存放在白馬寺。後來西晉永嘉之亂，匈奴人劉淵攻陷洛陽，晉懷帝司馬熾被匈奴兵擄走，番兵在洛陽屠殺三萬多人，白馬寺僧人擔心胡人焚燒寺廟，就將經函放到了愍懷太子浮屠中。愍懷太子司馬遹為晉武帝司馬炎之孫，晉惠帝司馬衷長子，西晉太子，皇后賈南風以其非己出，性情暴虐，恐即位後自己地位難保，便與賈謐等設計謀害，誣陷司馬遹謀反，囚於金墉城，後徙許昌宮，派黃門孫慮將其殺害，時年二十三歲，後追諡為愍懷太子，葬於顯平陵。可見，愍懷太子墓地建有佛塔。北魏孝文帝遷都洛陽後，洛陽局勢穩定，僧人又將經函遷回白馬寺，北魏滅亡後，洛陽成為東魏和西魏交兵的戰場，白馬寺經函被洛州刺史韓賢破壞。《北齊書·韓賢傳》記載：「天平初，（韓賢）為洛州刺史，……因立白馬寺，形制淳樸，世以為古物，歷代藏寶，賢無故斫破之，未幾而死，論者或謂賢因此致禍。」天平初年為公元534年，經函為韓賢所破壞。武定五年（547年），楊衒之遊洛陽，寫《洛陽伽藍記》時，可能寺僧又將破壞的寶函重新修好，或者是重新製作的。

「柰林」即石榴，楊衒之講，白馬寺的石榴和葡萄很有名，在京師享有盛譽，石榴一個能重七斤，有「白馬甜榴，一實值牛」的說法。皇帝偶將此賜予宮人，大家都捨不得吃，都拿去送禮，輾轉好幾家。北魏之時，雖只領有中國半壁江山，但因北魏為拓跋系鮮卑族所建，支持高車族在西域建立阿伏至羅國（高車國），兩國關係良好，北魏與中亞著名的懨噠國（白匈奴）關係也良好，宋雲和惠生還開通了絲綢之路青海道，從今天的柴達木盆地至新疆，路都是暢通的，高僧佛陀扇多、菩提留支等北魏著名高僧都是從西域來華傳教的。石榴和葡萄都是從西域傳來的，白馬寺擁有上品的石榴樹和葡萄樹，正是當時絲綢之路繁榮的標誌。

北周建德三年（574年）五月十五日，北周武帝宇文邕滅佛，毀寺四萬，還俗沙門300萬。白馬寺處於滅佛的中心地帶之一，自然在毀棄之列。

## 二、隋唐時期的白馬寺

陳長安先生認為，北周武帝宇文邕滅佛後（574年），到武則天垂拱元年重建（685年），為「無白馬寺」階段〔註11〕，理由是玄奘沒有提及白馬寺，

〔註10〕楊守敬、熊會貞：《水經注疏》，江蘇古籍出版社，1989年，第1418頁。
〔註11〕陳長安：《釋源考》，《河洛春秋》2010年第3期。

因此《唐書》中說武則天「重修故白馬寺」應是重建白馬寺。陳先生的多數觀點筆者都很認可，但這個觀點筆者不敢苟同，因為宇文邕滅佛僅僅持續數年而已，不久崇信佛教的楊堅就掌權，開始恢復佛教，知名的大寺基本上都恢復了，作為釋源的白馬寺怎麼可能「不存在」？隋代文帝自幼成長在寺廟裏，由尼姑養大，他掌權後就開始了大規模的復興佛教的運動。我們推測，作為釋源祖庭，白馬寺一定會被恢復，只是恢復的規模不得而知。另外，唐高宗時期，白馬寺有僧人惠藏曾去朝拜五臺山：「洛陽白馬寺沙門惠藏，本汾邑人，幽棲高潔僧也。孝敬皇帝，重修白馬寺。……以調露元年四月。與汾州弘演禪師等……。」〔註12〕惠藏後來曾訪問五臺山，並在《古清涼傳》中留下記載。調露元年為唐高宗的年號，為公元 674 年。惠藏就曾經「重修」過白馬寺。至少可以證明，674 年之前，白馬寺就已經存在很多年了。玄奘沒有提到白馬寺，是因為玄奘希望到山裏隱居，對城市郊區的寺廟興趣不大而已。

文帝定都大興城（即長安），文帝復興佛教，最看重的是利用佛教的神權為自己天下的穩定服務。因此他最看重的是都市寺廟長安大興善寺，而不是遠在洛陽郊區的白馬寺。隋煬帝雖然定都洛陽，但此洛陽已經不是白馬寺漢魏時期的洛陽，而是以伊闕為中軸線的洛陽，即今天的洛陽城位置，位於漢魏洛陽城廢墟旁邊的白馬寺遂成為了距離城區還有二十里的寺廟，隋煬帝召集天下名僧入住洛陽慧日道場，主要目的是斬斷他們與信眾的聯繫，為自己所控制，所以他建立的慧日等道場在城內，白馬寺並不是洛陽最受帝王關注的寺廟。地理位置的偏遠，是白馬寺以後在佛教創宗立派、大師輩出的唐代沒有一流大師入住的主要原因之一。

唐代李淵、李世民自認為是老子李耳的後代，推崇道教，抑制佛教，太宗直到晚年才對佛教真正崇信，加之當時首都是在長安，故唐代早期洛陽白馬寺也不太受皇家關注。傳說有一首《題焚經臺》的詩：「門徑蕭蕭長綠苔，一回登此一徘徊。青牛謾說函關去，白馬親從印土來。確實是非憑烈焰，要分真偽築高臺。春風也解嫌狼藉，吹盡當年道教灰。」《白馬寺志》云為唐太宗所作，洛陽師院郭紹林教授已經有文糾正，否定了這個說法。其理由有三：第一，唐初沒有七律。第二，唐初還沒有「印土」的翻譯，一般說「天竺」。第三，該

詩有嘲諷道教之意。唐太宗自認為老子李耳的後裔，對道教頗為尊崇，當然不會損毀道教。〔註13〕

### 白馬寺泰國風格殿

白馬寺再次受到皇室矚目是在武周時期。武周時期白馬寺被武則天的情夫、假和尚懷義霸佔。關於懷義的情況，《舊唐書》有詳細的介紹：

> 薛懷義者，京兆戶縣人，本姓馮，名小寶。以鬻臺貨為業，偉形神，有膂力，為市於洛陽，得幸於千金公主侍兒。公主知之，入宮言曰：「小寶有非常材用，可以近侍。」因得召見，恩遇日深。則天欲隱其跡，便於出入禁中，乃度為僧。又以懷義非士族，乃改姓薛，令與太平公主婿薛紹合族，令紹以季父事之。自是與洛陽大德僧法明、處一、惠儼、稜行、感德、感知、靜軌、宣政等在內道場念

〔註13〕郭紹林：《〈題焚經臺〉詩不是唐太宗的作品》，《洛陽師範學院學報》2008年第6期。

誦。懷義出入乘廄馬，中官侍從，諸武朝貴，匍匐禮謁，人間呼為薛師。垂拱初，說則天於故洛陽城西修故白馬寺，懷義自護作，寺成，自為寺主。

也就是說，薛懷義本名馮小寶，因與千金公主的丫鬟私通，而為公主所知。後來武則天為了稱帝，殘殺李唐宗室子弟，公主擔心自身的安危，於是就將馮小寶作為禮物送給了武則天當男寵，果然受到了武則天的喜愛。為了提高其身份，為其改名為薛懷義，為了掩飾醜事，命他出家為僧，經常出入內道場（皇宮裏的寺廟）。懷義為了提高自己的地位，在垂拱初年（685年），說服武則天重修了白馬寺，薛懷義親自擔任監督，寺廟修成後，擔任白馬寺寺主。

不得不說，千金公主頗有眼光，將薛懷義送於武則天使她保住了自己的家族。《舊唐書》記載：

> 則天將革命，誅殺宗屬諸王，唯千金公主以巧媚善進奉獨存，抗疏請以則天為母，因得曲加恩寵，改邑號為延安大長公主，加實封，賜姓武氏。以子克乂娶魏王武承嗣女，內門參問，不限早晚，見則盡歡。

千金公主本是唐高祖李淵之女，按輩分比武則天還高一輩，竟然自願拜武則天為母，並改為延安大長公主，賜姓武，不但保住了身家性命，而且和武家攀上了親戚。可見當時的政治環境對李唐宗室子女來說嚴峻到了何種程度，對此，我們決不能簡單地用無恥兩個字來對千金公主進行道德譴責，因為她也得為其家族的安危考慮。

《舊唐書》記載：「懷義與法明等造《大雲經》，陳符命，言則天是彌勒下生，作閻浮提主，唐氏合微。故則天革命稱周，懷義與法明等九人並封縣公，賜物有差，皆賜紫袈裟、銀龜袋。其偽《大雲經》頒於天下，寺各藏一本，令升高座講說。」

懷義做的一件大事就是進獻《大雲經》，《大雲經》中有彌勒菩薩下生為女身，為天下主的說法，懷義和法明就將之附會為武則天就是彌勒的化身，當為皇帝。於是武則天大喜，命將《大雲經》分發天下，命每個寺院藏一本，僧人須向信眾講習，為自己登基造輿論。《舊唐書》說《大雲經》是偽造的，但根據現在的研究結果，《大雲經》確是從西域傳來的經典，只是懷義將之引申注釋而已。

後來懷義因為失寵，將明堂燒毀，「其後益驕倨，則天惡之。」太平公主乳母張夫人令壯士將懷義縊殺，以輦車載尸送白馬寺。有學者認為，現在白馬寺前所謂狄仁傑墓者，其實是薛懷義墓。趙振華《唐狄兼謨墓誌研究》講，20世紀90年代，洛陽平樂鎮上屯村西出土了狄仁傑的從曾孫狄兼謨的墓誌，裏面提到狄兼謨「葬於河南府洛陽縣金庸鄉雙洛村，堉梁公之塋。」這裡的梁公，指的就是狄仁傑，他曾被封為「梁公」。既然其從曾孫墓是「堉梁公之塋」，那麼可以肯定，上屯村附近應該就是狄氏家族的祖墓地。

可是，相傳宋代在白馬寺旁就建有「狄公祠」，元朝時安撫使完顏綱等就有文字刻碑，至今還留在白馬寺的狄公墓上，元碑高 1.5 米。明代萬曆二十一年（1593 年）樹立，寫有「唐忠臣狄梁公墓」，高 2.5 米。難道宋人弄錯了？這種可能性是有的，因薛懷義也曾被封為「梁國公」，是否宋人將之誤為狄仁傑的墓，在此造狄公祠呢？照理說，薛懷義墓在武則天死後應該被摧毀，或許有斷碑有「梁國公」的字樣？陳長安先生認為，狄仁傑本人並不喜歡佛教，所以他的墳墓埋在白馬寺是很奇怪的。故白馬寺所埋的是「薛梁公」的可能更大。

白馬寺狄仁傑墓

趙振華還找到了些旁證：「清代學者、偃師人武億曾親赴雙碑凹考察，手拓狄知遜碑，考其事蹟。彼謂：『往時，洛陽令王君宇嘗為溧陽狄氏訪其先墓，得梁公碑於草間，遂樹之白馬寺東偏，因封樹焉。不知狄氏先墓固在平樂北山上，俗名雙碑凹者，以此也。』並將此看法告知金石學者黃易。黃氏云：『望

雙碑凹，一是魏王基碑，一是唐狄府君碑，府君，梁公父也。盧谷云：昔狄氏後賢，訪問祖墓，得洛城道旁一石，題曰唐忠臣狄梁公墓，遂以墓穴在是，封塋表之，不知雙碑凹為確也。」〔註14〕

　　學界怎麼說是學界的事，老百姓都認為這就是狄仁傑的墓，每年都有很多人前來瞻仰此墓地。

　　薛懷義時代的白馬寺，寺僧千人，寺廟建築壯麗，雖為朝野矚目，但因懷義人品不好，聲譽受損。史思明叛亂時，叛軍曾駐防白馬寺，與李光弼對峙。《舊唐書》講：

> 時史思明已至偃師，光弼悉軍赴河陽。賊已至洛城，光弼軍方至石橋。日暮，令秉炬徐行，與賊相隨，而不敢來犯。乙夜，入河陽三城。排閱守備，號令嚴明，與士卒同甘苦，咸誓力戰。賊憚光弼威略，頓兵白馬寺，南不出百里，西不敢犯宮闕，於河陽南築月城，掘壕以拒光弼。十月，賊攻城。於中潬城西大破逆黨五千餘眾，斬首千餘級，生擒五百餘人，溺死者大半。

　　可見，當時白馬寺已經淪為兵營，寺僧逃散可以想見。安史之亂時期，唐朝為了平叛，邀請回紇兵五千輔助作戰，由於國庫空虛，許諾攻下京城後，可以縱兵搶掠以為回報。於是洛陽遭到回紇兵蹂躪，白馬寺也不例外：

> 初，回紇至東京，以賊平，恣行殘忍，士女懼之，皆登聖善寺及白馬寺二閣以避之。回紇縱火焚二閣，傷死者萬計，累旬火焰不止。及是朝賀，又縱橫大辱官吏。以陝州節度使郭英乂權知東都留守。時東都再經賊亂，朔方軍及郭英乂、魚朝恩等軍不能禁暴，與回紇縱掠坊市及汝、鄭等州，比屋蕩盡，人悉以紙為衣，或有衣經者。

　　當時洛陽市民逃到白馬寺清涼閣等處避亂，但當時回紇人還不信佛教，就縱火燒閣，死傷上萬，白馬寺大火十餘天才熄滅。老百姓窮困到沒有衣服穿，用紙張來做衣服，甚至用佛經葉片當衣服穿的。當唐代著名詩人張繼借宿白馬寺時，看到的是一片蕭條，僧人被迫住在茅屋裏：「白馬馱經事已空，斷碑殘剎見遺蹤。蕭蕭茅屋秋風起，一夜雨聲羈思濃。」

　　唐中宗時期白馬寺重新受到皇室的重視。中宗李顯喜歡白馬寺，有時會在白馬寺慰勞重臣。《舊唐書》記載：「時則天崩，中宗居諒闇，多不視事，

---

〔註14〕趙振華：《唐狄兼謨墓誌研究》，《洛陽師範學院》2005年第1期。

軍國大政，獨委元忠者數日。未幾，遷中書令，加授光祿大夫，累封齊國公，監修國史。……及遷，帝又幸白馬寺以迎勞之，其恩遇如此。」魏元忠是武則天時期的名臣，武則天去世後，中宗李顯對其非常器重，曾在白馬寺宴請魏元忠。

　　唐中宗時期白馬寺還牽涉到了一起著名的佛道爭論。起因是爭議「老子化胡」的真偽問題。「老子化胡」是西晉道士王浮在與僧人帛遠辯論時提出的觀點，並造出《老子化胡經》，認為老子西出函谷關後，化身為佛陀，遂產生佛教。佛教界人士一直指《老子化胡經》是偽經。唐中宗時期神龍元年（705年），關於《化胡經》真偽的爭議再起，以致唐中宗被迫在朝廷上舉行佛道辯論會。當時荊楚僧人法明剛好在京城，就去觀看。當時，辯論雙方僵持不下，主持不定時，法明忽然向道士發問：「老子化身為佛，在印度是用漢語弘法還是用印度語講法？如果用漢語講法，印度人聽不懂；如果用印度語講法，那麼必須需要翻譯，那麼此經是什麼年月被翻譯出來的？誰翻譯的？誰是筆授？」道士們一下子語塞。這個法明，是不是就是和薛懷義一起向武則天上《大雲經》的法明，很難說。不管怎麼說，他的這個發問很有力，直接決定了勝負，公卿們議決《化胡經》為偽經。中宗下令廢除《老子化胡經》，「制到後限十日內並須除毀，若故留，仰當處官吏科違敕罪。」並在白馬寺刻石以示將來。洛陽恒道觀主恒彥道等上表抗議，認為中宗作為老子後人，卻偏向佛教，實為不孝。對此，中宗辯解說，老子道德經，妙絕希夷，佛教空有之論，也是真如之談，都是人間真理。老子何須借助「化胡」之事，來抬高自己？況且化胡之事於經典並無根據。既然是偽經，則毀之不能說不孝，《化胡經》是別人冒充老子的作品，因此，毀棄它正是正本清源的孝舉。

　　唐中宗時白馬寺寺主有道岸。他是河南信陽人，年少負有才名，後出家為僧，為唐中宗所知，徵召入皇宮內道場，為中宗講法，深受中宗的器重，後任白馬寺住持，唐都遷回長安後，又任中興寺、莊嚴寺、薦福寺、罔極寺等明寺的寺主，均是奉中宗的皇令入住的。中宗懷念父母，為父母建罔極寺，委託道岸與工部尚書張錫主持建造，完成後，受到中宗的嘉獎。

　　在唐代入住白馬寺稍有名氣的僧人是少康。他於唐德宗貞元年間（785～804）巡禮白馬寺，夜晚見到大殿放光，進去發現原來是善導的《西方化導文》，遂決心歸心西方淨土，到長安光明寺善導和尚影堂瞻禮，感得善導現身。他用化緣的錢來引導市井小兒念阿彌陀佛，後來在長安形成風尚。

　　唐文宗太和年間（827～835年），白馬寺有天竺僧佛陀多羅（意為「覺救」），在白馬寺譯出著名的《圓覺經》，後由唐代名僧宗密闡發而知名於天下。

　　作為釋源祖庭，白馬寺在唐代也有不少神異故事。唐中宗神龍年間（705～706），白馬寺內鐵像頭無故自落於殿門外。唐玄宗剛剛繼位，鐵像頭再次無故自落於殿門外，似乎預示著佛教即將遭到厄運。隨後姚崇任宰相，以僧惠范追隨太平公主為由，對僧人進行了一次沙汰，強迫僧人還俗，強迫他們跪拜父母，僧人還俗者達到十有八九。由於這次法難史書沒有過多提及，故而可能玄宗朝的這次法難，範圍可能僅限於近畿地區而已。

　　唐代白馬寺在印度也頗有名氣。那爛陀寺高僧達磨鞠多自云曾運用神通到過白馬寺。《玄宗朝翻經三藏善無畏贈鴻臚卿行狀》記載：「（那爛陀寺）僧寶有達磨鞠多，唐雲法護，掌定門之秘鑰，佩如來之密印，顏如四十，已八百年也。乃頭禮兩足，奉為本師。和上見本師缽中，非其國食，示一禪僧，禪僧華人也。見油餌尚溫，粟飯餘暖，愕而歎曰：中國去此十萬八千里，是彼朝熟而午時至，此何神速也！會中盡駭，唯和上默然。本師密謂和上曰：中國白馬寺，重閣新成，吾適受供而返。」這段文字講唐代「開元三大士」之首的善無畏，曾拜印度那爛陀寺的達磨鞠多為師，達磨鞠多自言其曾在半天之內運用神通從印度到洛陽白馬寺領到齋飯後再折返，讓眾僧都很吃驚。從其自言其八百歲而言，可能是一種方術，不足為信，但印度高僧能說自己到過白馬寺，畢竟說明白馬寺在印度也為人知。

　　陳長安先生認為，唐代白馬寺的中心，就是今天的清涼臺，清涼臺應該就是當年唐代白馬寺的「高閣」所在地。也就是說，唐代以來，白馬寺的位置基本上和現在一致。

## 三、宋代時期的白馬寺

　　白馬寺後面，自唐以來就是著名的風水寶地，自狄仁傑埋葬到此後，五代後周時期的宰相李谷、蘇禹圭、宋真宗時期的名相李沆都埋在白馬寺後面。《澠泉筆錄・卷下》記載：「白馬寺後有李谷、蘇禹圭、李沆等十宰相墓。」

　　北宋太宗趙光義，曾敕令重修白馬寺。翰林學士蘇易簡，北宋著名文人，於淳化三年（992年），奉敕撰寫《重修西京白馬寺記》，並親筆楷書，刻立於白馬寺。因原碑已殘，碑文不可辨讀，幸而王昶輯《金石萃編》第225卷所錄碑文還在，試為介紹。碑文先介紹了白馬寺的地理和地位：

東周舊壤，西洛名都；景氣澄清，風物奇秀。長源渺渺，元龜
負書之川，平翼依依，白馬馱經之地。考其由，為中國招提之始；
語其要，居兩京繁會之間。

白馬寺位於東周國都的舊地，名震天下的古都洛陽，這裡景氣澄清，風物
奇秀。有神龜背負洛書的谷地，有白馬馱經的平原。考究白馬寺的起源，它是
中國寺廟的開始；論其地理位置，它居於東西兩京的繁華地帶。

歷累朝而久鬱禎符，偶昌運而薦陳靈貺。不有興葺，寧昭德音？
法天崇道皇帝，……居一日謂近臣曰：朕嘗探賾造化，窮研載籍，
祀彼河海，猶分其先後；譬諸水木，尚本其根源。觀夫像教斯來，
真誠下濟，誠由彼摩騰、竺法蘭二法師者，揚庵園之末緒，越蔥嶺
之修程。百千億佛，始演其性，宗四十二章，初宣其密義。

白馬寺歷經數朝，很久以來就不斷地得到皇家的關注，為國運的昌盛而屢
現靈驗。不對其進行修繕，怎麼顯示皇家的恩德？法天崇道皇帝（宋太宗趙光
義），一日對近臣講，我曾追究天地造化，看了很多歷史典籍，發現就是祭祀
河流，也要分先後，就像河水要追其源頭，樹木要重其根本一樣。我看佛教來
華，是由攝摩騰、竺法蘭兩位法師接續佛陀的事業，跨越蔥嶺，到白馬寺翻譯
《四十二章經》開始的。

乃命鼎新偉構，寅奉莊嚴。採文石於他山，下瑰材於邃谷；離
婁騁督繩之妙，馮夷掌置臬之司。闢蓮宮而洞開，列紺殿而對峙；
圖八十種之尊相，安二大師之法筵。靈骨宛如，可驗來儀於竺國；
金姿穆若，猶疑夢現於漢庭。天風高而寶鐸鏘洋，晴霞散而雕拱輝
赫。周之以繚垣浮柱，飾之以法鼓勝幡。遠含旬服之風光，無殊日
域；旁映洛陽之城闕，更類天宮。時則郊鄏遊客，軒轅遺俗，或黃
髮鮐背之老，或元髫稚齒之童，途謠巷歌相與而謂曰：吾皇帝之稽
古務本也，為蒼生而祈福，致金仙而降靈。遂使權輿聖教之津，將
壅而復決；經始福田之所，已圮而更興。

於是皇帝命重新修繕白馬寺，在山中採石，在幽谷砍樹，在像戰國時期離
婁、馮夷那樣的巧匠的主持下，大殿前後排列，側殿東西對峙，畫有八十種尊
像的壁畫，安放二位大師的靈骨，金碧輝煌的景象，猶如漢明帝夜裏夢到的金
人。有風的天氣，寶鈴叮噹；雨後天晴，雕龍畫棟的建築更加清新漂亮。用浮
雕來裝飾柱子，用法鼓聲來震動經幡。使得白馬寺周邊的風光，不次於日天子

的住地，和洛陽城的宮闕相比，更像天宮。當時吸引了各種遊客來訪。背駝的老翁，剛換牙的小孩，都在大街小巷相互讚歎說，我們皇帝真是抓到了根本，為蒼生祈福，向佛陀祈求護佑，讓已經擁塞的河堤重新開塞，讓為人祈福的聖地，重新興盛。

可見，宋初的這次修繕，規模宏大，朝野都極為關注。那麼趙光義為何忽然想到重修白馬寺？查諸史料可知，淳化元年開始（990 年），近畿地區以及周圍的河南、陝西、安徽等地就持續三年大旱，並引起大的疫病，引起大面積的人口死亡。〔註15〕趙光義忽然想到修繕白馬寺，不是沒有原因的。淳化三年（992）六月，疫病因一場大風而神秘結束。因而趙光義修繕白馬寺後，老百姓稱讚他的修繕行為是「稽古務本也，為蒼生而祈福，致金仙而降靈」也不是沒有原因的。

據說，宋初時期，攝摩騰大師的舍利塔仍在，並且遺骨保存完好。白馬寺山門內東側，有元至順四年（1333 年）白馬寺主仲華文才撰文的碑石所立，碑文提到了宋初的情況：「宋淳化中旱，命中使發騰壙請雨，儀貌如生，故蘇易簡碑云：遺骨宛如。……塔久頹落，靈骨失存，後人置石經幢其上。」也就是說，當時宋太宗把攝摩騰的舍利塔打開進行祭祀，看到了攝摩騰大師的遺骨尚存，但後來舍利塔摧毀，遺骨無存。

北宋仁宗趙禎似也曾到訪過白馬寺。齊雲塔下西南側，有塊碑石，正面是明代的《修白馬寺塔記》，但碑陰刻有宋仁宗《贊舍利偈》：「金骨靈牙體可誇，毫光萬道透雲霞。歷代君王曾供養，累朝天子獻香花。鐵鎚認打徒勞力，百火焚燒色轉加。年年只聞開舍利，何曾頂帶老君牙。」可能是明人將宋碑正面磨平後再刻的，但碑的陰面仍然保存著宋碑的文字。北宋白馬寺知名的寺主為淨慧。他於天禧五年（1021 年）正月七日重建了《摩騰入漢靈異記》石碑（前面已有介紹），由景遵法師以行書寫碑文，後收入畢沅《中州金石記》，保存了有關齊雲塔的資料。

崇信道教著名的宋徽宗也曾關注過白馬寺，嵌於竺法蘭殿門外、北側壁間的石碑，記載了宋崇寧二年（1103 年），宋徽宗趙佶所追封歷代高僧的封號：

摩騰賜號：「啟道圓通大法師」；法蘭賜號：「開教總持大法師」；

傅大士賜號：「等空紹覺大士」；李長者賜號：「顯教妙嚴長者」；定

〔註15〕韓毅：《淳化三年開封大疫與北宋政府的應對》，《中華醫史雜誌》，2008 年第 2 期。

應大師賜號：「定光圓應大師」。其婺州雙林寺、并太原府壽陽縣方
山昭化禪院、西京白馬寺、汀州武平縣南安嚴釣慶禪院，今後每遇
聖節，各許進奉功德疏。

白馬寺佛像

並且徽宗下令，讓這些被加封的聖人進入官方的祭祀，祭祀格目儀式，上
報禮部，皇帝並囑託河南地方官按期執行：

前批合入祠部格，八月四日午時付禮部施行，仍關合屬去處，
數內壹項，須至符，下西京白馬寺，後漢梵僧摩騰、法蘭。河南府
主者，一依敕命，指揮施行，仍關應千合屬去處者。右帖，白馬寺
主首仰，一依前項敕命，指揮施行。

由此可知，北宋末年，白馬寺仍為朝廷所重視，是全國著名的大道場。
當時的寺主是御賜紫衣沙門德玉，這塊碑是他立的。北宋末年，宋金交兵，
白馬寺被金兵佔領，寺廟被戰火摧毀。《續資治通鑑》卷110介紹：「建炎二
年（1128 年），宗翰留宗弼屯河間府，左監軍完顏希尹、右都監耶律伊都屯
河南白馬寺，以待世忠之至，且與進相持。」兩軍交兵，白馬寺成為了一片
瓦礫。《重修釋迦舍利塔記》記載：「遭劫火一炬，寺與浮圖俱廢。唯留餘址，
鞫為瓦子堆、茂草場者，今五十載矣。往來者視之，孰不諮嗟歎息焉。」可
見毀壞的徹底。

## 四、金元時期的白馬寺

金朝在北方站穩腳跟後，局勢穩定後，白馬寺迎來了一次修復。據金大定十五年（1175 年）的《重修釋迦舍利塔記》記載：

> 洎五代之後，粵有莊武李王，施己淨財，於寺東又建精藍一區，亦號曰「東白馬寺」，並造木浮圖九層，高五百餘尺。塔之東南隅有舊碑云：「功既落成，太祖睹王之樂善，賜以相輪。王之三子，又施宅房廊裏角龜頭等又百間。每遇先大王夫人遠忌等日，逐年齋僧一千五百人，以崇追薦。又一百五十餘年至丙午歲之末〔註16〕，遭劫火一炬，寺與浮圖俱廢。唯留餘址，鞠為瓦子堆、茂草場者，今五十載矣。往來者視之，孰不諮嗟歎息焉。

徐金星先生認為，這裡的「莊武李王」，不可能是五代時期的李存勖，因為按照碑記所記的時間看，莊武李王所建九層木塔存在了一百五十餘年，木塔被燒毀後又荒涼了五十年，到金大定十五年（1175 年），剛好是二百餘年，這樣往上推二百餘年正是木塔所建的日子，這只能推到宋初的 975 年左右。而李存勖要早於此五十年左右。〔註17〕所以多數人認為這裡的「莊武李王」可能指的是宋初大將李繼勳，繼勳有守恩、守元、守徽三子，宋初累歷藩鎮，寵信佛教，晚年致仕於洛陽，卒追封隴西郡王，諡號莊武。莊武王所建木塔，可能在金兵與宋兵在洛陽交戰時被燒毀。

> 物極必反。無何，果彥公大士，自濁河之北底此，睹是名剎，荒榛丘墟，彷徨不忍去。一夕，遽發踊躍持達心，乃鳩工食造覽。緣行如流，四方雲會，不勞餘刃而所費辦集。因塔之舊基，剪除荒埋，重建磚浮圖十三層，高一百六十尺。徘徊界、宇洞並龜頭一十五所，護塔牆垣三重，甘露井，又立古碑五通，左右焚經臺兩所，杈子並塔門九座，下創修屋宇二十八間，門窗大小三十七座，其餘不可具紀。

> 不逾年而悉就所願。恭以臨濟之宗，無畏之壇，謹持六齋。幸遇明天子在上，太守百里賢士大夫在位，抑又天時、物數，若合符節焉。可見非我棲巖彥公乘時一舉手，孰能起廢嗣興，致巍巍之功

---

〔註16〕丙午歲之末：指北宋末年宋欽宗靖康元年潤十一月（1126 年 12 月）。
〔註17〕徐金星：《關於齊雲塔的幾個問題》，《中原文物》1985 年第 4 期。

　　德如是乎？於告成之明日，丐李中孚以記其事。中孚於莊武王係六

　　代孫，粗知其要，義不當辭，是可書也。

　　棲岩彥公重建了齊雲塔，他當時從河北到洛陽，看到齊雲塔的被毀，不忍心離去，就到處化緣和呼籲重建寶塔。從上面的碑文看，他又建的是磚塔，加高為 13 層，就是今天我們看到的模樣。由碑文可知，金代白馬寺為臨濟宗僧人所掌。碑文的撰稿人李中孚為莊武李王的第六代孫。

　　金代的這次重修大約在金末就被戰亂損壞，金元易代，白馬寺也由禪宗寺廟改為華嚴宗寺廟，由龍川行育法師及其弟子們進駐。據朱麗霞教授的考證，龍川行育以及其後的多位寺主，都和元朝幾代帝師關係密切，有幾位還學過密法，[註18]如後來被朝廷封為「宗密圓融法師」的慧覺。白馬寺主也被尊稱為「釋源宗主」，地位頗高。元代忽必烈時期再次重修白馬寺。《大元重修釋源大白馬寺賜田功德之碑》給我們介紹了當時的情況：

　　　　國初，有僧日英山主，以醫術居洛，罄藥囊之貲，謀為起廢。

　　或訝其規模太廣，工用莫繼，則曰：「茲寺，中華佛教根柢，他日必

　　有大事因緣，餘第為張本爾。」至元七年，帝師、大寶法王帕克巴，

　　集郡國教釋諸僧，登壇演法。從容詢於眾曰：「佛法至中國始於何時？

　　首居何剎？」扶宗弘教大師、龍川講主行育，時在眾中，乃引永平

　　之事以對，且以營建為請。會白馬寺僧行政言，與行育葉。帝師嘉

　　納，聞於世祖聖德神功文武皇帝，特敕行育綜領修寺之役。經度之

　　始，無所取財，遍訪檀施於諸方，遊更歲龠而未睹成效。帝師聞之，

　　申命大師丹巴董其事。丹巴請假護國仁王寺田租，以供土木之費，

　　詔允其請。裕宗文惠明孝皇帝時在東宮，亦出帛幣為助。於是，工

　　役始大作。

　　元代白馬寺被稱為「大白馬寺」，可見地位頗高。碑文認為，攝摩騰、竺法蘭之於東漢，猶如玄奘、善無畏之於唐，他們開源的佛法後來傳到東瀛、越南。元代初年有個「日英」的僧人擔任寺主，在洛陽行醫，籌集錢財，發願修復白馬寺，並認為白馬寺是「中華佛教的根柢，他日必有大事因緣」，這是元代修復白馬寺的開始。至元七年（1270），帝師大寶法王帕克巴（即八思巴）在演法時問諸僧，佛教什麼時候傳入中國的哪個寺廟？扶宗弘教大師龍川行育法師告之以永平求法之事，並提出了重修白馬寺的請求。當時在場的白馬寺

---

〔註18〕朱麗霞：《白馬寺與元朝帝師關係述略》，《西藏研究》2008 年第 2 期。

僧行政也同時提出請求，八思巴欣然同意，並上奏忽必烈，讓他統領白馬寺的修建之事，但由於當時百廢俱興，各地寺廟都在恢復中，龍川法師到處化緣，忙了一年卻不能籌到多少錢財。八思巴聽說了這個事情，讓膽巴負責這個事情，膽巴上書請求皇帝允許借用護國仁王寺在河南的地產來供給建寺所需的費用，皇帝允許了。當時的「裕宗文惠明孝皇帝」，即太子真金，也出錢資助，這樣，才開始了大規模的建設。重建後的規模為：「殿九楹，法堂五楹，前三其門，傍翼以閣，雲房精舍，齋庖庫廄，以次完具，位置尊嚴，繪塑精妙，蓋與都城萬安、興教、仁王三大剎比續焉。」當時成為與大都三大寺比肩的大寺廟。

### 白馬寺天橋

修復還未最終完成，龍川大師就圓寂了，被朝廷封為「司空、鴻臚卿」、「護法大師」。由仲華文才接替，他帶領日淨、日汴等，完成了工程。寺廟重建工作完工後，仁王寺想要回所借的田產，文才以有寺無田，眾僧無法生活為由，向膽巴請求留下這筆地產，最終在膽巴的幫助下，成功留下了這批地產。地產規模頗大，碑文講有一千六百頃，合兩萬四千畝，分佈在懷、孟等縣，即今天的焦作地區。

由於碑文提到「聖上大德改元之四年冬十月，釋源大白馬寺告成。」可知，白馬寺的這次修繕完工於元成宗大德四年十月，即 1300 年。從至元七年（1270

年）八思巴上書請求修復白馬寺，而後龍川和尚化緣一年無所成就，則真正的修復最早開始於 1271 年。這就是說，這次白馬寺的修建，前後持續了三十年之久。

主持修復工作的龍川法師（？～1293 年）是女真人，原名納合行育。元初任白馬寺住持，是華嚴宗名僧善柔的嗣法弟子。蒙古憲宗蒙哥大汗於公元 1258 年召集佛道兩家辯論《老子化胡經》的真偽，由皇弟忽必烈主持，龍川法師因辯才出眾而被賜紅色僧衣，加「扶宗弘教大師」的稱號。世祖至元七年（1270 年）帝師八思巴召集僧眾登臺演法，龍川表現出眾而受到帝師的器重，後被授予總攝江淮諸路僧事。1272 年，龍川法師到長安為華嚴四祖澄觀重修舍利塔。元代編錄藏經時，龍川法師被聘為「證義」。忽必烈敕令龍川法師整修白馬寺，至元三十年（1293 年），同年圓寂。〔註19〕

白馬寺毗盧閣後壁西側鑲嵌有塊碑石，載有《龍川和尚遺囑記》，講到龍川法師臨終前，交代後事，將自己的遺物「黃金一百兩，白銀一十五定」充當白馬寺造像之用，「並以近寺西北陸田二百畝歲收所產，充本寺長供。」剩下的聖像、經籍、法衣、器用，也留給白馬寺上。還命弟子到五臺山供奉文殊菩薩，到憫忠、萬安、寶集、崇孝、崇國等五大寺給僧人施捨飯食。最後交代弟子說，清涼祖師曾說，天明不能代替夜裏的黑暗，慈母不能保護身後的孩子，我現在要走了，不知道什麼時候還能和你們見面，希望你們各自勤勉，一起維護祖剎白馬寺。元貞二年（1296），朝廷撥中統鈔二百定，塑佛菩薩像五尊，天王像四尊。大德三年（1299），又請本府馬君祥等對建築和佛像等進行彩繪，又花費中統鈔三百五十定，建成後的白馬寺非常漂亮。每年三月十三日和四月五日，是龍川法師的忌日和生辰，白馬寺都會辦法會，並施捨僧人飯食，成為定式。這是龍川法師的弟子海珍、海祐、海貴、海信、海政等於大德十一年（1307）四月所立的石碑。

上僧院西院壁間有一元代的碑石，為至元三十年九月（1293 年），為「釋源住持嗣法小師、講經律論沙門淨印」所立。可見，龍川法師圓寂後，他的嗣法弟子淨印接替了他的職務。但不久，同是龍川弟子的「河南僧錄、宗密圓融大師」慧覺推薦仲華文才法師為白馬寺住持，並獲得支持。原因不得而知，可能與當時慧覺與淨印的矛盾有關。仲華文才（1241～1302），甘肅天水人。原

---

〔註19〕洛陽市地方志編纂委員會：《白馬寺・龍門石窟志》，鄭州：中州古籍出版社 1996 年 6 月，第 28 頁。

在天水隱居，以松樹築屋，被稱作「松堂和尚」。接掌白馬寺後利用龍川法師的遺贈修建了佛、菩薩、天王像多尊，1299 年，召天水著名匠師馬君祥繪，極其精巧。元成宗鐵穆耳在五臺山建佑國寺，文才被薦舉為首任佑國寺住持兼釋源宗主。成宗賜號「清慧真覺國師」。大德六年（1302 年）圓寂。文才和尚著有《賢首疏》等，主要弘揚華嚴教理。〔註20〕文才歿，朝廷詔令慧覺為白馬寺住持。

西夏文大藏經

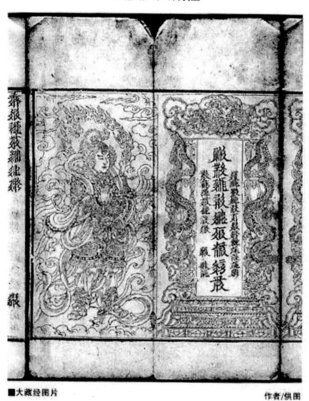

■大藏經圖片　　　　　　　　　　　　　　　作者/供圖

　　慧覺，俗姓楊，姑臧人（今武威），父親曾是西夏高官。西夏亡國後，他出家為比丘，在西北修藏傳密宗，「深得其道」，但覺得「密乘固修心之要，非博通經論不足以究萬法之源、窮佛道之奧」。聽說龍川法師在白馬寺弘揚華嚴學，「風偃秦洛」，於是到白馬寺拜龍川為師。龍川法師稱讚他說，「此子吾門之梁棟也」。學習六七年後，對華嚴宗旨已經領悟，龍川法師授予「赤伽梨衣」。

〔註20〕洛陽市地方志編纂委員會：《白馬寺·龍門石窟志》，鄭州：中州古籍出版社 1996 年 6 月，第 28 頁。

後來跟隨龍川法師到燕京校勘《至元法寶勘同總錄》，元世祖忽必烈賜予「宗密圓融大師」的稱號。甘肅的永昌王慕名請他去講課，宗風大振於故里。慧覺在姑臧建壽光寺與覺海寺。這裡有個疑問是，碑文記載，一日，慧覺向龍川行育法師辭行，龍川曰：「此寺佛法濫觴之源，今草昧之初，唯才是用。吾徒雖眾，幹蠱者寡，方託以腹心之寄，手足之助，何遽捨吾而歸耶？」認為慧覺是可以依託的弟子。可是，龍川圓寂後，慧覺卻沒有接任白馬寺主，而是由淨印接替。但不久，慧覺又推薦仲華文才擔任寺主。既然慧覺有推薦人選的能力，他自己為何不擔任寺主呢？

　　近年的研究可以回答這個疑問，他當時正忙於《河西藏》的事。慧覺又稱「一行慧覺」、「一行國師」。這些稱號在《河西藏》流傳的一些佛經上有記載。他出家後在賀蘭山雲岩慈恩寺修行，翻譯了很多密教經典，其中有四十一卷後來被加入杭州大萬壽寺版《河西藏》中，而杭州大萬壽寺版《河西藏》，正是由他印製的。一行慧覺刊印《河西藏》是在至元七年（1270），1302年，文才去世，慧覺奉詔為第三任釋源宗主管理白馬寺。

　　作為西夏遺民，慧覺似乎更在意繼承和發揚西夏文化。碑文記載，一行慧覺接任白馬寺主以後，曾奉太后詔令，到武威做佛事，為國祈福。崔紅芬分析，這次佛事，可能與朝廷平定西北海都之亂有關。慧覺到河西，應該還和傳佈《河西藏》有關。〔註21〕當時《河西藏》印出，這是慧覺一生奔波的大事，為其傳佈而努力，是他樂意做的。

　　慧覺於皇慶二年（1313年）五月圓寂於白馬寺。1314年，其門人惠瑄、洪瓊建塔墓，沙門法洪撰寫塔銘。

　　法洪（1272～1344年），甘肅成州人，俗姓劉，12歲出家，後到白馬寺拜仲華文才為師。元成宗大德年間，為白馬寺「長講」，號「大德法主」。1313年慧覺法師圓寂，奉詔為住持白馬寺，被封為釋源宗主。

　　可見有元一代，白馬寺為華嚴宗僧人所有。我們知道，遼代華嚴宗頗為興盛，並一直延續至金代，所以，作為女真人的龍川行育，信奉華嚴就不令人奇怪了。他的老師，就是著名的華嚴宗名僧善柔。

　　元代白馬寺也受到兵亂的嚴重破壞。元代歷史上有個著名的兩都之戰，戰火延燒到了白馬寺。這次戰爭的起因，緣於元成宗鐵穆耳沒有子嗣，只能從皇室近支中物色繼承人，其中成宗的二哥答剌麻八剌的兩個兒子海山和愛育黎

---

〔註21〕崔紅芬：《僧人慧覺考略》，《世界宗教研究》2010年第4期。

拔力八達呼聲最高，但是掌握朝政大權的皇后卜魯罕卻不同意，便外派海山鎮守漠北，愛育黎拔力八達則被貶往懷州（今河南焦作）。海山最終在右丞相哈剌哈孫和弟弟愛育黎拔力八達的支持下登上皇位繼承大統，即元武宗。由於即位得到弟弟的鼎力支持，所以武宗立下了「兄終弟及」、「叔侄相承」的盟約。四年之後，武宗病死，弟弟愛育黎拔力八達即位，是為元仁宗。但是元仁宗卻並不想將帝位傳給武宗長子和世㻋，於是封其為周王，使出鎮雲南，改立自己的兒子碩德八剌為太子。和世㻋不服，走到半路便聚眾造反，結果被鎮壓，只好逃往漠北阿爾泰山一帶。19歲的碩德八剌繼承皇位，是為元英宗。

鐵失趁英宗前往上都之際，發動了「南坡政變」，將其殺死，改立晉王也孫鐵木兒為帝，即歷史上的泰定帝。致和元年（1328年）七月，泰定帝病死於上都，留守大都的僉樞密院事燕鐵木兒召集百官，主張皇位正統當屬於武宗之子，即和世㻋或圖帖睦爾。當時，和世㻋在漠北，圖帖睦爾在江陵。為防意外發生，燕鐵木兒派人到江陵迎接圖帖睦爾入還大都，於九月繼承大統，改元天曆，史稱元文宗。而在上都的丞相倒剌沙也趕緊奉泰定帝之子阿速吉八即位，是為天順帝。這樣，在元朝的上都和大都出現了兩個皇帝，雙方展開了激烈的內戰，史稱「兩都之戰」。最終上都方面敗北，元文宗取得勝利。

兩都之戰時，白馬寺成為上都方面軍的總指揮部，總指揮、荊王「也速也不干」坐鎮白馬寺，指揮作戰。《新元史》卷111記載：

> 泰定帝崩，文宗自立於大都，陝西諸王及行臺官起兵勤王。御史大夫也先帖木兒從大慶關渡河，下河中；靖安王闊不花入潼關，進據虎牢；鐵木哥入武關，克襄陽及鄧州。也速也不干駐河南府之白馬寺，節度諸軍，勢張甚。既而齊王月魯帖木兒襲陷上都，文宗遣使放散西軍，闊不花械其使送於別帖木兒。……荊王時在河南之白馬寺，以是西人雖未解散，各已駭悟。又聞行省院以兵至，猶豫不敢進。朝廷又使參政馮不花親諭之，乃信服。

後來元文宗獲勝，派使者到白馬寺招撫叛軍，最後成功地使也速也不干投降。但白馬寺經此而受到重創是可以想見的。

元代安撫使完顏綱曾訪問白馬寺，瞻仰狄仁傑墓地，並留下「七絕」一首，詩曰：「神器傍遷幾不留，曾將忠義破陰謀。淡煙衰草平林月，猶帶當年社稷愁。」由大夫也先帖木兒立碑紀念，後來明人有詩相和。

## 五、明代的白馬寺

明初白馬寺的情況史料沒有記載，明朝中期的白馬寺住持定太曾修繕白馬寺大殿，嘉靖二十年（1541年）立碑紀念。《重修祖庭釋源大白馬禪寺佛殿記》記載了這次修繕的情況：

> 迨我朝皇明正德丁丑，有僧定太等暨化主德允，攀近功德，張端、馬成、張禹、李深等招請名匠，重修一區。由是四方之人，聞風向化，富者輸其材，貧者效其力，不日之間，殿陛煥然而日新，聖像彩色而鮮明。斯時也，觀之者敬心生焉，睹之者畏意起焉，四時之香煙靉靆矣。太等因緣際遇，固不敢云功也。願丐一言，以序其始末。予與太公素交心契，累辭不果，予乃考諸經史，姑述其梗概，以紀其歲月也。

此碑現立於白馬寺大雄殿前道東側，奇怪的是，碑文講定太等於正德丁丑年，即正德十二年（1517）開始號召維修，富人出錢，窮人出力，「不日之間」，大殿就建成了。可是，卻推遲到明嘉靖二十年（1541年）才立碑紀念。從文中所述可以知道，在此期間，定太一直是白馬寺主。

### 白馬寺普同塔

《修白馬寺塔記》記載，正德十四年（1519年）王剛夫婦經商路過白馬寺，看到釋迦舍利磚塔風化衰敗，就施捨錢財，由寺僧圓朗主持將寶塔修復，

嘉靖三年（1524）年）勒石記功。碑文講：「至今末，塔日以頹，廬日以隳。」正德十四年（1519），「適王其姓，剛其名者，順天大興縣人，夫倡婦隨，行商抵汴梁，得其得而弗返，遂占籍於河南之嵩州。而又託處於洛，道經寶地，聿生信心，捨貲以新之。碑石地灰也，費若干緡；工食也，頂之鍍金也，又若干數。出自△役，不以矩而吝。掌自寺僧圓朗，遵伊國主，擇而用之，亦信心而無不公者。起於嘉靖元年二月初一日，告成於本年十一月二十二日。」可見，王剛夫婦是北京大興人，到開封經商致富，沒有返回老家，而是在嵩州落籍，並到洛陽生活，可能感到自己的致富獲益於佛教甚多，發心修復白馬寺釋迦舍利塔。當時的寺主圓朗也大力支持，嘉靖元年（1522）2月1日開始，到嘉靖三年（1524年）修成。

修成後的齊雲塔非常壯觀：「華燈寶鐸，交映爭鳴，晬容密語，安置如法，緇白四眾，瞻仰讚歎，以為多寶如來已滅而復現也。」四眾弟子都稱堪比《法華經》中多寶如來的多寶塔。

「若王剛者，謂之給孤長者既往而□出非歟？有倡乎其前，斯有和乎其後。一時信善，各務施捨，又將並寺而新之。推其所以然之故，信心有願，歷劫長存，願有所感，殆非偶而。在昔輪王，天上人間，龍宮海藏之所，分貯一，即八萬四千；八萬四千，即一光明，遍法界而無法不照，其功德豈可量哉？」作者龐龍認為，王剛簡直可稱是當年給佛陀捐贈第一個精舍的「給孤獨長者」，並認為王剛夫婦之所以能夠捐出鉅資，不是偶然的，而是久遠以來的大願，在今世因緣具備而為，其功德猶如光明遍照大千世界，不可限量。

定太維修大殿的時間比圓朗維修齊雲塔的時間僅僅早兩年，定太一直到嘉靖二十年都在白馬寺。圓朗和定太是什麼關係？《重修祖庭釋源大白馬禪寺佛殿記》記載，定太的弟子有「智永、智玄、智來、智曉、智滿、智可、智忠、智奉，東寺明安、明川、洪緒，門徒：圓經、圓口、圓妙、圓勤、圓祿、圓河、圓艾。」可見，此中的「圓口」極有可能就是圓朗，應該屬於定太的再傳弟子。由此我們可以推測，王剛夫婦恰好於正德年間出資修繕齊雲塔，不是偶然的，因為他們剛好遇到了定太法師主持修復白馬寺的壯舉。

定太之所以將修復齊雲塔的始末單獨立碑，原因可能是它的出資人比較固定。而大殿修成後遲遲不立碑紀念，原因之一或許是在等待貴人的到來。《重修祖庭釋源大白馬禪寺佛殿記》的作者為「欽差後軍都督府、會昌侯孫泉、尚膳監太監黃錦、錦衣衛指揮黃鏽」，這裡的「尚膳監太監黃錦」，後來又升為「司

禮監掌印太監兼總督東廠」，可是權傾朝野的人物，「錦衣衛指揮黃鏞」可能也屬於同一個家族，原籍是白馬寺旁邊的偃師首陽山龍虎灘村。作為從小在白馬寺周邊長大的人，黃錦、黃鏞從小生活在白馬寺附近，又一路高升，可能覺得與白馬寺的護佑有很大關係，而定太法師也肯定與黃氏家族保持著密切的關係。由此我們推測，王剛夫婦之所以投出鉅資修復齊雲塔，其背後的原因，也許並不那麼單純，也許還有通過定太法師交接黃氏家族的原因在。

黃錦曾曾於嘉靖三十四年重修白馬寺（1555），《重修古剎白馬寺禪寺記》云：

> 余世家洛陽龍虎灘，去西北僅五里有白馬寺。……余自髫年，竊嘗玩之。今也仰沐聖主洪恩，叨掌司禮兼總督東廠。家人來京者，皆言寺之毀壞，大非昔比。余歎曰：盛跡之湮，適當是時，餘生其時，豈可坐視？乃謀諸掌家內官監太監田子用，用啟余曰：福者，善之徵也，不作福，何以享福？古語云：要知前世因，今生受者是；要知後世因，今生作者是。此舉不亦善乎？余嘉其言，遂捐俸，以眷屬省祭官李奉義董其事，守制商州判孫政贊其功。

黃錦家住在白馬寺旁的龍虎灘村，距離白馬寺僅有五里的路程，從小就常到白馬寺玩耍，現在承蒙皇帝的垂愛，司掌司禮監和東廠。家裏來京的人，常說起白馬寺毀壞嚴重，我也感歎寺廟毀壞，而我正當其時，怎麼能夠坐視不管？就和太監田子用商量這個事，田子用講：福是善集來的，不做善事，怎麼積福？古人說，要知道前世的事情，看看今天的遭遇就知道了；要想知道以後的遭遇，看看今天所做的事情就知道了。修繕白馬寺，難道不是積善的好事嗎？我很贊同他的話，就捐出俸祿來成就此事，具體讓地方官李奉義和孫政來做。

> 至於朝夕視事，終始效勤，則有族弟省祭官口口。由是構良材於晉野，伐文石於嵩陰，冶磚瓦於洛汭，招工師於諸邑，涓選休辰，建前後大殿各五楹，中肖諸佛及侍從阿難、迦葉、文殊、普賢、羅漢、護法之神；建左右配殿各三楹，中肖觀音、祖師、伽藍、土地眾神。飾像貌以金碧，繪棟宇以五采。其中路、臺、階，悉以磚石鋪砌，鑄供器四副於各神之前，每幅五件，共計鐵三千六百斤。他如天王有殿，肅儀衛也；鐘鼓有樓，司昏曉也。東建禮賢堂五間，庖廚六間，憩宦遊也；西建演法堂五間，庖廚六間，闡釋道也。二

堂之前，配殿上下，各分巷道，共建靜舍一百二十間，棲僧徒也；
大門三空，磚石券之；門外東西，石獅翼之，則出入嚴而觀瞻亦壯
矣。寺後有臺，形高二丈，廣闊三倍而有餘，此必古之閣基也。上
建重簷殿五楹，中塑毗盧佛及貯諸品佛經；左右建配殿各三楹，分
塑摩騰、竺法蘭二祖，蓋重釋道源本而俾人知其所自矣。臺下兩旁，
更建禪院二所，每院房九間，用禮四方禪僧。

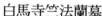

### 白馬寺竺法蘭墓

　　至於巡視工地，管理工程的工作，則由我的本家兄弟來做。他們從山西運
來木材，在嵩山北坡採石，在洛水旁燒製磚瓦，在各地招募工程技師，選擇良
辰，建設前後大殿五楹，在殿中塑造諸佛及侍從阿難、迦葉、文殊、普賢、護
法神像，建左右配殿各三楹，殿內塑造觀音、祖師、伽藍神、土地眾神。然後
用金粉裝飾佛像，用彩色粉刷大殿。寺內的道路、臺階，都用磚石鋪砌，並在
諸神之前擺放供器，每處五件，共用鐵三千六百斤。另外，建天王殿以為威儀，
建鐘鼓樓以報時。東建禮賢堂五間，廚房六間，用來招待來往的訪客；西邊建
演法堂五件，廚房六間，用來闡述佛法。周圍還建有僧人的住房一百二十間。
大門有三個入口，門口有石獅子看守，整個寺廟非常莊嚴壯麗。寺後有高臺，
高兩丈，檯面寬闊，這肯定是古代殿堂的基礎，我在上面建設大殿五楹，裏面
塑毗盧佛像，並藏了一些佛經，左右建配殿三楹，塑造攝摩騰、竺法蘭像，這
是為了讓人知道他們將佛教傳入中華的功德。在清涼臺下兩旁，建禪院二所，
每個禪院有九間房，用來接待四方來的禪僧。

寺之基地計六十二畝，圍牆計二百三十堵。其內外植樹千株者，
將以庇蔭風土之勝爾。寺枕通衢，而遠方之人，莫不經之，建石坊
一座，扁曰「古剎白馬禪林」，則寺之名亦昭揭矣。百務既完，然後
遴其住持，分以執事，給度牒二十二張、法器、法衣各二十二件，
俾諸僧有所依據，而寺之統體，亦庶乎其不廢矣。是事也，無分鉅
細，皆決於余心。區別成圖，付之奉義。功始於嘉靖三十四年乙卯
之春，落成於嘉靖三十五年丙辰之冬。

寺廟佔地共計 62 畝，圍牆共二百三十堵，寺內種樹千株，用來保護水土，
綠化寺院。由於寺廟位於交通要道上，遠方來客都從這裡經過，於是建立石牌
坊一座，名為「古剎白馬禪林」，然後給白馬寺發度牒二十二張，法器、法衣
各二十二件，讓僧人們都有所依據，維護寺廟的體統。總之，重建白馬寺的這
件事，我事事關心，最後將之做成。工程開始於嘉靖三十四年春（1555），完
工於嘉靖三十五年（1556）冬。

默思遙想，少足以盡崇古之意云爾。余弗敏，乃自為記，以取
信於後世。因嗟夫人之生也，禮門也，義路也，忠孝其大節也。人
能由是路、出入是門，而大節不失，然後可及其他。余少寓司禮，
嘗從學於太學士託齋溫先生，朝夕訓誨，少知義理，忠孝之道，不
敢不勉。是以周故舊之貧窮，修祖宗之墳墓。會合族人，養之以義
田，析之以義居，業已為之矣。惟茲佛事之成，豈但崇古而已也，
蓋以榮聖君之賜，以增光於吾鄉爾。乃若祝皇圖於萬載，保黎庶於
重熙，又余之心也，又余之願也，豈徼福云乎哉。是為記。大明嘉
靖三十五年歲次丙辰十一月上旬吉日司禮監掌印太監兼總督東廠龍
山黃錦撰文，孟津縣致仕參議楊儒書丹，石工韓奉鐫。

我在北京遙想，白馬寺建成這樣的規模，應該可以讓訪客懷古遊覽了吧！
我黃錦不才，自己題寫碑記，給後人留下資料。也感歎人這一生，禮是門，義
是路，忠孝是大節，人只有按照這個路子走，才能保持大節不失，然後才能做
好其他事。我從小就學習禮義，曾從學於太學士齋溫先生，朝夕受到他的教誨，
從小就知道禮義、忠孝之道，不敢不以此勉勵自己。所以我周濟故舊中貧困之
人，修繕祖宗的墳墓，和族人一起，養義田，建義居，以供貧窮者，都已經做
好了。現在做重建白馬寺這件佛事，不僅僅是崇古，也是用皇帝陛下的賞賜，
來為家鄉增光，更想以此功德，保佑國家能傳至萬年，保黎民的富裕平安，這

也是我的心願。大明嘉靖三十五年（1556）十一月，司禮監掌印太監兼總督東廠龍山黃錦撰文。查諸史料可知，明代是太監為禍最烈的朝代之一，出現過像劉瑾、汪直、王振、魏忠賢等大奸大惡之輩，但黃錦出掌權勢最大的司禮監大太監，掌握東廠，這是明代最有權勢的職務，幾乎是一人之下，萬人之上，但其本人並未有多少劣跡，相反還出面保護過清官海瑞。

《西京祖源大白馬寺重刊》碑嵌於毗盧閣內後壁西側，明崇禎十年（1637年）立。碑文如下：「敕諡鎮州臨濟義玄慧照大師正宗兼續出法派偈，西蜀道人續。智慧清淨，道德圓明。真如性海，寂照普通。總持戒定，緒祖弘宗。具正法印，方上傳燈。行住妙果，悟本心空。從聞思修，紹入佛乘。」這是明代盛行的按照一定的詩句來排定輩分的碑文。這也是明代留給我們的最後一則資料。從黃錦的碑文和本段引文看，明代白馬寺又重歸臨濟宗僧人所有。

狄仁傑墓前立有碑石二方，較大的一方高約 2.50 米，寬 0.95 米，上書「有唐忠臣狄梁公墓」八個大字。此碑為明萬曆二十一年（1693 年）八月吉日重立。較小的一方，高 1.43 米，寬 0.70 米。上下隔為三欄：第一欄內刻完顏綱詩，嘉興金養晦和詩二首，南鄭虞廷璽和詩一首。虞廷璽詩曰：「牝雞司禍國難留，閣老孤忠為國謀。今日荒墳臨古寺，西風落木使人愁。」第二欄為明天順元年（1457 年）周鼎為以上「七絕」詩所作的序文。第三欄為明代天順三年（1459 年）虞廷璽所作序文。虞廷璽的序文曰：

> 洛陽之東，去府治三十里，有故金墉城在。昔漢明帝始建白馬寺。寺東百餘步，則唐宰相狄文惠公墓存焉。墓前有神道碑，臨於古路，屹立穹然。見者思其忠義，無不景仰。碑前又一小石碣，上有元安撫使完顏綱所題絕句一章，大夫也先帖木兒立石，歲久僕墜，過客忽略，多不注目。適遇河南省幕金公養晦，因公務道經洛，下拜謁賢相冢，見其詞在荊榛斷石間，摩挲玩視，慨然以悲。則曰：詞雖作於元人，語□清新，惜乎剝落廢缺。遂賡前韻二絕，尤得詩人懷賢之意。後詣京師，錄示鄉人。周君伯器君既讀之，乃擊節歎羨，為敘其事甚詳。公還欲並刻之，未果。予以三載秩滿，赴省，邂逅公於官舍，□□談之。予聞其言，慚而弗寧。則曰：「予牧是邦，嘗欲修舉廢墜而不能，茲當任其責矣」。遂請其稿而歸，謀諸匠氏，礱石並刻顏翁絕句及養晦公所和佳，附伯器君之雄文於上。使狄文

惠公之忠肝義膽，凜凜然在人耳目。不惟發泉壤之幽光，亦且不沒
歌詠者之善云。謹識。

也就是說，金養晦曾去白馬寺拜謁狄仁傑的墳墓，見到了元代完顏綱的
詩，感到寫的很好，就也作詩相和。因感歎完顏綱的碑石漫漶，想再次刻碑，
但沒有財力而作罷，於是將詩詞帶到京師。周鼎看到後，很是欣賞，也寫序文
相和。虞廷璽知道這件事後，覺得自己是地方官，有責任修舉廢墜，彰顯狄公
的忠義，就出資重新刻碑，並將金養晦、周鼎和自己的詩文也刻在碑上。

## 六、清代的白馬寺

《重修釋源大白馬寺殿宇碑記》記載，明末李自成大起義，起義軍攻打洛
陽，戰事甚烈，白馬寺遭到破壞：

> 所惜者，洛陽遭闖逆蹂躪，紺宮紅樓，悉為灰燼。白馬雖巋然
> 獨存，而金粉零星，土木凋殘，想明帝之初制，不無盛衰之感云。

這種衰敗的局面一直持續到如琇任白馬寺住持期間才有大的改觀。如琇，
洛陽人，臨濟宗第三十五世法嗣。幼年時因病託身白馬寺，後入風穴寺，得戒
於憨乾法師，又從憨乾的弟子默輝，並跟隨默輝到著名的伏牛山煉魔場演講坪
修習禪定，後得到默輝的印可。康熙四十年（1701 年），默輝繼風穴寺住持，
如琇也跟隨前往。時洛陽縣令聞其名，請如琇到白馬寺任住持。後被請入風穴
寺任住持。雍正年間圓寂，葬於白馬寺。

清代白馬寺首次出現了「白馬寺六景」的說法。嵌於攝摩騰殿門外南側壁
間的一塊石碑，清康熙五十一年（1712 年）立，高 0.41 米，寬 1.27 米，由如
琇和尚賦詩、作序並草書。首行題：白馬寺六景有敘。碑文如下：

> 清涼臺：香臺寶閣碧玲瓏，花雨長年繞梵宮。石磴高懸人罕到，
> 時聞清磬落空濛。

> 焚經臺：榆檔貝文是也非，要從烈焰定真機。行人指點寒煙外，
> 日落荒臺鎖翠微。

> 齊雲塔：風回鐵馬響雲間，一柱高標絕陟攀。舍利光含秋色裏，
> 崚嶒直欲壓嵩巒。

> 夜半鐘：古寺雲深蘚徑封，離離百八動千峰。洛陽多少利名客，
> 野店夢回第幾春。

> 騰蘭墓：堂封對峙依林隈，斷碣模糊長綠苔。金骨流香天地永，
> 不須人世紙錢灰。

斷文碑：筆峰磨滅失真蹤，天妒奇文蘚盡封。會有秋風生暮雨，森森鱗鬣起蛟龍。

## 攝摩騰、竺法蘭像

嵌於竺法蘭殿門外南側壁間的一塊石碑，清雍正十二年（1734 年）立，高 0.31 米，寬 1.03 米。也是由如琇和尚賦詩並楷書，其六景詩文字與草書刻石略有不同。首行題：

清涼臺：蘭臺畫閣碧玲瓏，皓月清風古梵宮。石磴高懸人罕到，時聞爽籟落空濛。

焚經臺：榆檔貝文是也非，要從烈焰定真機。盧空說偈人西去，剩有荒臺鎖翠微。

夜半鐘：古寺雲深蘚徑封，離離百八動千峰。洛陽多少盧生夢，枕上驚回第幾春。

騰蘭墓：堂封對峙依林隈，斷碣模糊長綠苔。金骨流香天地永，不隨人世化飛灰。

齊雲塔：風迴鐵馬響雲間，一柱高標絕陟攀。舍利光含秋色裏，峻嶒直欲壓嵩巒。

斷文碑：筆鋒磨滅失真蹤，天妒奇文蘚盡封。會有秋風生怒雨，森森鱗鬣起蛟龍。

如琇「同學弟」孫雲霞賦詩並草書的一塊石碑，嵌於攝摩騰殿外，殿門以北壁間，清康熙五十二年（1713 年）立，高 0.41 米，寬 1.13 米。碑文如下：

清涼臺：金墉城外有危臺，伏夏時聞爽籟催；遮爾化衣飛難到，阿誰名利不心灰。

夜半鐘：蒲牢怒畔夜闌清，嫋嫋曳風出化城；驚覺洛陽千戶曉，銀床未轉轆轤聲。

斷文碑：萋萋駁蘚睡雲根，蝌蚪離離蝕雨痕；欲續奇文僧已定，揭來撥草暗中捫。

焚經臺：非將燃焰辨瑕瑜，貝葉誰云不作怒；欲起祖龍還試問，可能焚得六經無。

齊雲塔：浮圖臂繫湧河干，影出重霄釀暮寒；金谷迷樓猶在否？惟留一柱撐震旦。

騰蘭墓：連環香骨委金灘，華表雙雙馬鬣蟠；邙阜列塋俱寂寞，千秋獨秀是騰蘭。

清代被稱為「馬寺六景」之一的「斷文碑」，指的是「洛京白馬寺釋教源流碑」，立於清涼臺上、毗盧閣前東側。清康熙五十二年（1713 年）四月立，通高 3.05 米，寬 1.03 米，螭首龜趺，有碑亭，是「臨濟正宗第三十五世弘法沙門釋源如琇撰並書，古亳王施仁鐫石」。碑文上下分七段，每段 20 行，滿行 17 字。額篆書「洛京白馬寺祖庭記」，首行題：「洛京白馬寺釋教源流碑記」。此碑石因仿宋代蘇易簡「斷文碑」之格式，故稱為清代「斷文碑」。如琇之草書，雅好娟秀，柔美流暢。在此碑正中間，有一條明顯的橫向裂紋，將整方碑石截為上下兩段。有人認為，所謂「斷文」，即指此裂紋而言，這是一種誤傳或誤解。如琇的「斷文碑」和宋代蘇易簡「斷文碑」、宋代景遵書碑、傳元代趙孟頫書碑、明代王諍詩刻石，被人們譽為白馬寺「書法五佳」。

如琇的碑文，講了「拈花微笑」、「夜夢金人」、「法時傳律」、「宋帝求雨」、「黃錦重建」等幾個故事，然後提到了立碑石的原因：「及國朝，衲剃染茲寺，參扣諸方，道業無成，濫膺僧數。不謂本邑宰官紳衿山主護法，建立叢林，敦請開堂。」是因為本地的官紳「衿山主」感歎寺廟衰敗，寺僧到處遊方，素質低下，就建議重修禪林，再興佛法。「遂於康熙四十一年（1702）佛誕日，豎剎於此。」可能在當時進行過修繕。令人奇怪的是，如琇既然在康熙四十一年就已經將寺院修葺，為何推遲到康熙五十二年才立碑石？曹洞宗僧德瑩《重修

毗盧閣碑記》給了我們透露了一些原因。可能其後如琇接著重修了毗盧閣，費時頗長。德瑩在碑文中感歎，作為釋源祖庭的白馬寺，卻在禪宗興起的時代沒有出現大匠，後來禪宗興盛，白馬寺遭到冷遇，乃至破敗至此，如果當時有大匠出，何至於今日如此冷落：「獨怪禪家五宗，白馬不與，未免為奈園洗闕氏矣。使當時有龍象挺生，阿誰禁其不下，何至寂寂寧馨。」「靈誕我穎公，生曲錄之床，樹吉遠之剎，一時七眾皈月，大雪前澆。痛祖庭荒頓，思營新之，先自毗盧一閣。」這裡講的「穎公」，指的就是如琇，號穎石：「公法諱如琇，字穎石，培之和尚高足，傳臨濟三十有五代正宗也。」

「重修釋源大白馬寺殿宇碑」立於大佛殿前道西側，清康熙五十五年（1716年）立，通高2.99米，寬0.72米，圓首方座，有磚構碑樓。江總撰文，孟習蘇楷書，10行，滿行65字。額篆書「重修碑記」，首行題：「重修釋源大白馬寺殿宇碑記」。碑文記載如琇和尚及知縣高鎬重修白馬寺事。從江總的記述看，如琇和尚詩文書畫都很精通，也通儒典：「又晤方丈穎公諱如琇者，翩翩儒家子，詩文字畫，凌轢一時，余益輾然，喜不勝。」如琇和尚的這次維修實際上近乎重建，費用來源主要靠將寺內古柏樹賣給黃氏家族，以及將寺田承包出去，外加知縣高鎬的捐資：

> 閱二歲，再驅車過之，登其臺，見毗盧一閣，丹流雲表，輝生霄漢，余灑然異之。更逾歲，復以事過其地，而大殿、山門、配殿等，俱燦然陸離，大改前觀，余益灑然異之。未幾，穎公來謁余，請余文志其事。余問穎公曰：「阿誰檀樾興功如之鉅與？」穎公曰：「此蒼礐公之力也。」余問其故，公曰：「寺有古柏數株，余謀諸山主黃磷、黃運隆、黃肇等，售金若干；兼以耕三餘一、耕九餘三之力，加之邑侯高公諱鎬，捐俸若干，數載經營，粗完斯功。」余聞之爽然自失，歎未曾有。

如琇和尚還有詩詞留世。《勾瞿山房即事四首》碑文記載：

> 余有小廬在臺之隅。顏曰：勾瞿殘書幾卷，野花數株，趺坐匡床，經行臺階，眺嵩山而聽洛水，嘯清風而弄明月，即其耳聞目觸，遂成裏言四律，以快其志，列之雲根，取笑大方，豈敢與維摩丈室、羅家梅根相比也哉。

> 底處攝心好，勾瞿可養間，花間歌白雪，枕上看青山。梅竹雨中植，詩文燈下刪。年來誰是伴，云鳥常往還。

室小春無限，臺高樂有餘。看山不出戶，醉月勝登墟。白榻學禪定，青燈讀史書。此中堪小隱，底處更結廬。

不用買山隱，臺居勝華峰。窗梅撐古月，砌石嵌新松。有僻耽詩句，無才與世慵。鳥聲襍梵唄，不厭耳邊重。

地僻紅塵遠，亭幽事更幽。常依書作伴，每借臺為樓。涉世無榮辱，任人呼馬牛。此中消歲月，此外更何求。

雍正十二年歲次甲寅夏六月廿二日，釋源潁石琇題並書，彭店姚進孝鐫字。

如此，則如琇和尚最遲至雍正十二年（1734）還活著，《白馬寺寺寺志》講他雍正九年（1731）年去世，可謂謬矣。

乾隆年間，白馬寺有過重修，乾隆五十七年（1792 年）所立的「重修白馬寺布施碑」立於接引殿前道東側，殘高 2.05 米，寬 0.17 米，方座。碑之正面和碑陰皆刻有布施人姓名和捐錢數目。多者如河南府正堂張某捐銀五十兩、洛陽縣正堂單某捐銀四十兩等；少者有捐一兩、一錢者。說明這次維修，主要是當地官宦帶頭捐助的。

道光七年（1827），偃師魚骨村的郭長泰因母病痊癒，認為是神靈護佑，遂與朱東春、海行法發起善士捐資，為中嶽廟、靈山寺、白馬寺神像重塑金身。金妝白馬寺毗盧殿佛像碑記嵌於毗盧閣內西壁南側，與如琇壽塔銘並列，清道光七年（1827 年）立，長 0.98 米，寬 0.48 米。由邑庠生謝翰儒、李作舟撰文，僧悟文楷書，11 行，滿行 24 字。首行題：「金妝白馬寺毗盧殿佛像碑記」。碑文記載：

嘗歷覽數處，屋宇神像，金碧闇然。因與善士朱東春、海行法議，敬募本縣、洛邑眾善施主，各矢善念，隨意捐輸，妝飾中嶽、靈山，金碧熒煌，前已告峻。竊念花宇鷲林，遍滿中土，白馬寶號，祖庭不容有遺。茲又於毗盧神像三尊，金妝點綴，煥然一新。其餘明柱被油，藻井繪彩，亦多耀目。功成。

我曾遊覽幾個廟宇，發現廟內神像，黯淡無光，就與朱東春、海行法二位善士一起，號召偃師、洛陽周邊的施主，各盡所能地施捨，為中嶽廟、靈山寺的神像重塑金身，這些工作都已經完成。又考慮到中國佛教壯麗的寺廟很多，白馬寺作為佛教祖庭不容遺漏，就為白馬寺毗盧殿神像三尊，重塑金身，並將殿內柱子也一併重新繪彩。

　　毗盧殿內後壁西部鑲嵌有清道光二十年（1840 年）所立石碑，高 1.36 米，寬 0.74 米。由「釋源比丘僧悟成」楷書，全文分四段刻寫，每段 49 行，滿行 20 字。刻石內容包括二部分，第一部分為《四十二章經來緣》；第二部分為《佛說四十二章經》。

　　「重修白馬寺田碑」位於接引殿前路西側。清同治六年四月穀旦（1867 年）洛陽縣知縣秦茂林立，通高 1.48 米，寬 0.54 米，圓首方座。楷書，6 行，滿行 33 字。碑文記載：

> 國朝咸豐初年，僧人悟乾等始以匪蕩，聞寺舊有土地數頃，大半質於村姓。監生黃協中等控之官，余為逐其人，返其田，選高行僧正覺為其住持。

　　也就是說，白馬寺曾遭土匪襲擊，寺田被村民佔有數頃，直到咸豐初年（1851 年），寺僧悟乾聯合監生黃協中等控於官府，知縣秦茂林派人逐出村民，返回地產，並選正覺法師任白馬寺住持。

　　清光緒九年（1883 年）所立，現嵌於接引殿門外東側壁間有塊名為「重修金妝神像並油飾序」的石碑，高 1.42 米，寬 0.55 米。楷書，6 行，滿行 35 字。碑文記載：

> 值同治元年，寇賊入洛，焚燒殿宇，暴露神像，歷經風雨，神像之傾圮已甚。凡駿奔斯寺者，孰不目擊心傷，感慨不已！時有魚骨村善士郭成選等，動念重修，各捐己財，募化四方。轉傾覆以為壯麗，除塵封而煥然一新也！善哉斯舉，既有以光前人之烈，亦足以啟佑我後人。功竣立石，以垂不朽。

　　碑文所說的「寇賊」就是同治年間的捻軍，捻軍本為鄉間手工業者、農民、流民組成的互助組織，後在太平天國起義爆發後，也在北方的安徽、河南發動起義，受到太平軍的領導，由於太平軍首領信奉「拜上帝會」，所到之處，摧毀佛道寺廟神像，捻軍也有同類行為。同治元年（1862 年）捻軍入洛陽，摧毀寺內神像。光緒年間的白馬寺住持為宗宣，他以偃師魚骨村的善士郭成選等所捐的錢財，重塑佛像。這個郭成選，與道光七年（1827）為毗盧閣佛像金妝的魚骨村的郭長泰，應是一個家族，可能是郭長泰的後人。魚骨村位於偃師首陽山鎮西南，207 國道與洛河橋交叉口的東邊，洛河北岸，因戰國時期的縱橫家蘇秦葬於此地而知名。魚骨村的郭家，顯然是白馬寺的檀越。

白馬寺緬甸大金塔（32.9 米）

「重修金妝立佛神像募化碑」嵌於接引殿門外東側壁間，清光緒九年（1883 年）立，高 1.46 米，寬 0.57 米。碑額篆書「萬善同歸」，在碑額左邊刻有「共募化錢一百二十千有令，大承領捐錢九十千有令」。右邊刻有「金妝油飾使錢一百四十千有令，買碑使錢十千有令，外花費使錢六十千。」碑文記載清光緒九年（1883 年）為金妝佛像而募化事宜及捐助人姓名、捐錢數目等，說明光緒九年，白馬寺曾為立佛金妝。

《重修毗盧閣碑記》，嵌於接引殿門外西側壁間。清宣統二年（1910 年）立，高 1.39 米，寬 0.56 米。撰文人不詳，王仁恩楷書，6 行，滿行 35 字。額題「皇清」，首行題：「重修毗盧閣碑記」。碑文記載：

> 夫清涼臺之有毗盧閣，由來舊矣！歷唐、宋、元、明，所以廢
> 而復興，不墜厥功者，端賴有明敏任事之住持，與四方資助之善士，
> 營舊更新，代不乏人。迄至今日，歷有年所，風雨損傷，廟貌頹萎，
> 其剝蝕之狀亦極觸目而傷心者乎！主持法閩、傳聚等，思修理之，
> 而苦於資助。適善士張李氏，與同志陶國華、史尚周，施百金以助
> 焉。無如有志未逮。及陶國華之子天倫裹成此款，功由此亦興。四
> 方募化之士，自此而益眾。不數月，而煥然以新。厥功豈淺鮮哉？
> 因書施者姓名與金之數於左，以志不朽云。

清末的白馬寺住持為法閩，他在任期間，帶領弟子傳聚、傳道，號召張李氏、陶國華與其子陶天倫、史尚周等善士籌款，將清涼臺上的毗盧閣修葺一新，並立碑紀念。

## 七、清以後的白馬寺

　　法闊圓寂後，其徒傳道接任住持。為民國白馬寺第一任住持，他在任期間，於 1914 年，帶傳聚、傳禮、東林等修整理了破敗的殿堂。其事蹟記錄於《重修古剎白馬寺碑記》，石碑位於清涼臺上，毗盧閣前西側，首方座。張敬軒撰文，袁兆熊隸書。碑文記載，到民國初年，白馬寺已經是「世遠年湮，雨露之損傷，風霜之剝蝕，棟撓榱折，垣頹瓦解者，觸目類肽。而清涼臺毗盧閣為尤甚。士君子登臨遊覽，曠懷古蹟，感概歙歟，不忍遽去，謂名勝衰落，誠可惋惜。……守事人等，隱見及此，發思古之幽情，攄起衰之至意，各捐資財，毫無吝惜。兼王善人與僧勸道募化，鳩工庀材，迭次告竣。」這次修葺的資金，主要是大家的捐款以及「王善人」的資助。

　　袁世凱死後，北洋軍閥混戰，中國淪為人間煉獄。洛陽所處的豫西大地，政府無力，加之大山縱橫，致使土匪橫行，綁票勒索，大戶人家逃入洛陽城內，土匪轉而襲擊中等人家，他們無力遷徙，只好組織紅槍會以自衛，一時之間，豫西各村幾乎都有了紅槍會組織。隨著規模和實力的壯大，紅槍會也變成了一股政治勢力，他們抗捐抗稅，與政府時有合作，時有衝突。直系軍閥吳佩孚入駐洛陽，意欲將洛陽建成他武力統一天下的基地，在洛陽周邊開展了禁毒剿匪的工作，與紅槍會發生衝突，在洛陽民國十二年（1923），洛陽地方武裝紅槍會一部在伊川人張志公的帶領下，進駐白馬寺清涼臺，吳佩孚的二師火燒白馬寺，給寺院造成不小損失。隨後的第二年，吳佩孚率領大軍到北方與張作霖的軍隊進行第二次直奉戰爭，馮玉祥兵變，命令胡景翼的國民二軍，協同劉鎮華、憨玉昆的鎮嵩軍入豫西，後胡景翼的陝軍與憨玉昆的鎮嵩軍為爭奪豫西地盤大打出手，憨玉昆戰敗自殺，馮玉祥佔領河南。馮玉祥本是基督徒（不知虔誠不虔誠），到河南後在各寺廟拆毀佛像，白馬寺佛像遭到一定破壞，因為大殿配件掉落，砸傷工人，拆毀佛像之舉才被迫停止。1929 年，土匪肆虐，殺死平樂地方政府任命保衛寺廟的保安隊隊長王春芝，僧人被迫逃散，只有附近龍虎灘的一位黃姓村民，來寺廟看守。〔註22〕

　　1931 年，日本侵略軍發動了九一八事變，以微小的代價佔領東北。駐紮上海的日軍受到鼓舞，也於 1932 年 1 月 28 日，突然進攻駐上海的十九路軍，十九路軍在蔡廷鍇、蔣光鼐的帶領下頑強抵抗。上海事變威脅國都南京，迫使國民政府考慮遷都，洛陽被定為行都。1932 年，國民黨中央委員張繼、考試院院

〔註22〕徐金星：《白馬寺滄桑史話》。

長戴季陶等到洛陽，藏傳佛教格魯派四大活佛之一的章嘉活佛也蒞臨洛陽，出席國難會議，並訪問白馬寺，看到寺內殿堂殘破，僧人流散，決心修葺，並得到太虛法師的支持，太虛法師請上海佛教協會的德浩法師任白馬寺住持。德浩，臨濟宗第四十五世傳人。為籌集善款，戴季陶在武昌佛學院的院刊《海潮音》上發文，呼籲四眾弟子，各界人士支持白馬寺的重建工作。文中說：「此寺為佛門祖寺，無論何宗何派，無不大有因緣。」隨即於民國 21 年（1932）11 月 20 日召開了「重建白馬寺籌備委員會洛陽第一次會議」，會議認為：「醫院者治民之疾，學校者治民之身、宗教者安民之心」，所以必須重視白馬寺的重建工作。會議決定，齊雲塔必須劃在寺內，寺外至少要徵一百畝地，最好是二百畝，作為僧人的永久財產，充為供養。將夾馬營附近的東大寺（即迎恩寺，今洛陽一中校園）劃為白馬寺下院，其廢棄的建築，充為白馬寺重建的材料。〔註23〕

### 白馬寺緬甸閣樓

---

〔註23〕王雲紅：《民國年間重修洛陽白馬寺的一批資料》，《洛陽佛教》2013 年第 2 期。

　　隨即戴季陶入陝，重建工作交給王一亭等負責，重修了山門及圍牆，修建了山門內的門堂、雲水堂、客堂、祖堂、禪堂、齋堂，修復了一殿、二殿。還在寺院東南角、西南角各修鐘鼓樓，以青石鑲包了印度高僧墓，補修各殿及廂房門窗，各殿內配置高達一米多的銅鐵供器，各殿前鑄高鼎（今僅存大佛殿一個）雲牌、銅鐘，這些供器均在上海鑄好運來。並把一尊白玉佛遷供於寺內，供於毗盧閣，又把魏咸信墓前二匹石馬遷置山門之外。在寺院內外廣植柏、榆、楊、柳、楝樹及花竹。今清涼臺上纏柏的靈霄也由此時移栽，原有二株，一株枯死，今存一株。在焚經臺前立碑。〔註24〕總之1932年的這次修繕，規模較大，一舉改變了被土匪和軍閥破壞後的荒涼局面，奠定了今日白馬寺的基本格局，由於這次建設，是在外敵入侵，國人有亡國危機的環境下進行的，更加難能可貴。「白馬寺回地紀念碑」碑文也記錄當時的情況：

> 大慈悲家戴院長季陶、王先生一亭、聞先生蘭亭遊歷於此，憑弔流連，發思古之幽情。謂佛為大宗教之一，其因果源流之說，皆足勸人為善，安忍聽其衰落。遂慨捐資財，復募化若干，銳意復興。村民各自恐惶，相聚而言目：珠還浦，璧歸趙，地歸寺，中價將不能得，即得亦不能足。孰知王專員次甫、德浩和尚、林君薺原、郭君芳五、尤君少銘、韓君駿齋，皆慈祥博愛，注重民生主義。不惟價目完備，分文莫少，復令村民將田麥全收。且以實業不興，為中國患貧之一大原因。

　　村民們聽說要歸還寺廟田產，都很恐慌，以為政府會低價強買土地，但當時寺廟方面是按市場價購買的土地，附近村民並未受損失。寺廟將這些土地種上樹木，振興實業。

　　在1942年大饑荒時期，德浩法師曾賑濟災民。當時寺內有80多名僧人。僧人育安為會計，雲峰打外交，養有二頭牛，二匹騾子，有地38多畝，澆地水井7眼，寺院興盛一時。德浩法師晚年，身患疾病，住古唐寺療病並於1943年在此圓寂，葬於白馬寺東，墓地今存。法師辭世前指定自如為白馬寺住持。自如法師於1946年升座為方丈，中華人民共和國建國後，出於接待外賓的需求，洛陽縣政府於1951年至1954年間對白馬寺進行了維修，增添了自來水廁所，修蓋了齊雲塔前的亭子。自如法師還被選為省市人大代表。1959年，海法從中國佛學院畢業，到白馬寺擔任知客，白馬寺也進行了重修，郭沫若一行

---

〔註24〕徐金星：《白馬寺滄桑史話》。

參觀了白馬寺。1961 年，白馬寺與龍門石窟、漢魏故城一起，列為全國文物保護單位。1966 年，文化大革命爆發，白馬寺僧人受到衝擊，佛像經卷都被紅衛兵破壞燒毀。尤其可惜的是，鎮寺之寶，三十多頁貝葉經也未能幸免。1972年，為了迎接柬埔寨西哈努克親王的到訪，對白馬寺進行了全方位的翻修，為了填補被破壞的佛像，經國務院批准，將故宮慈寧宮大佛堂的佛像迎請到白馬寺。1979 年 6 月 1 日，重新開放，1984 年，交給僧人管理。但自如法師已經於 1974 年圓寂，其後很長時間白馬寺沒有方丈，直到 1986 年，才請原成都寶光寺方丈徹幻任改革開放後的第一任方丈，徹幻於 1988 年圓寂，海法接任住持，並於 1989 年 2 月升任方丈，1992 年，時任泰國內務部長瓦塔納・阿薩瓦先生到白馬寺參觀朝拜後，為增進中泰兩國佛教界的友誼，向白馬寺贈送一尊高 7.2 米、重 8 噸的銅製貼金佛像。為安置佛像，泰方表示願意出資修建泰國風格殿，1992 年開工，1995 年工程竣工，1997 年 10 月 31 日舉行了盛大的佛像開光法會。法師在任其間還修建鐘鼓樓、法寶閣、藏經閣，擴建齊雲塔院、創辦《洛陽佛教》，著書《海法一滴集》，1997 年圓寂。2005 年，印樂法師升座為白馬寺方丈。釋印樂，河南桐柏人，俗姓尹，2003 年到白馬寺工作至今。

### 泰國所贈舍利子

在洛陽市政府的支持下，白馬寺近十餘年有了跨越式的發展。2003 年 6 月，印度總理瓦傑帕伊訪問白馬寺，看到泰國風格殿後，決定由印度政府出資在白馬寺建立印度風格殿，2006 年 4 月 26 日，馬寺舉行了印度佛殿施工奠基儀式，2007 年 7 月 2 日，由印度政府提供的印度風格殿內外部裝飾需用的材料，裝了 28 個集裝箱的石材運抵施工現場。2010 年 5 月 29 日，印度風格佛殿正式落成，印度總統帕蒂爾於當日參加了落成儀式，少林寺方丈釋永信也為印度風格佛殿開光。

2009 年，泰國代理僧王、曼金山寺方丈頌德帕普塔贊大長老及瓦塔納·阿薩瓦先生參訪白馬寺後，為進一步豐富和彰顯泰國佛教文化元素及建築風格，促進中泰兩國佛教文化交流，擬對佛殿進行翻修，並進行擴建，得到白馬寺方丈印樂大和尚的鼎力支持，並得到政府部門批准。2010 年 5 月，泰國風格佛殿擴建工程正式實施。擴建工程主要包括新建的舍利塔、藏經閣、四面佛、鐘樓、鼓樓、僧僚、涼亭以及相關附屬設施。2014 年 9 月中旬，白馬寺泰國風格佛殿擴建工程全部完工。9 月 22 日，泰國副僧王在泰國風格殿的開光儀式上，贈送白馬寺釋迦佛的舍利子。這枚舍利子從何而來呢？僧王介紹說，是 1896 至 1898 年間，英國考古學家佩普在位於印度和尼泊爾之間的一個崩壞的佛塔遺址中發現的，容器上用古老的般羅蜜文字刻著：「這是釋迦族佛陀世尊的舍利容器，乃有名的釋迦族兄弟與其姊妹、其妻子等共同奉祭之處。」為了中泰友誼，泰方將這枚珍貴的舍利子送與白馬寺，白馬寺從此有了鎮寺之寶。

受到泰國與印度的啟示，另一個佛教國家緬甸也想在白馬寺建立緬甸風格殿。2010 年 11 月，緬甸駐華公使致信洛陽市，詢問在白馬寺修建緬甸風格殿的事宜。2011 年 12 月底，緬甸聯邦共和國宗教部部長杜拉吳敏貌率團訪問洛陽，並最終確定了緬甸風格佛殿的修建。該佛殿由緬甸政府出資建設完成後，無償捐贈給白馬寺，其中，佛殿構架由中方中標單位實施完成，內飾部分由緬甸政府委託緬甸亞洲世界公司完成，裝修使用的原材料將全部從緬甸運往中國。2012 年 9 月，白馬寺舉行緬甸大金塔工程簽約儀式，主體建築之一大金塔正式開建。

緬甸風格佛殿位於白馬寺泰國風格佛殿西側，南北長 108 米，東西寬 65 米，整個佛殿坐北朝南，主體建築包括大金塔、大佛殿以及博物館等，其中大金塔是該佛殿區的最高建築，以緬甸仰光大金塔為「藍本」。緬甸仰光大金塔

始建於 585 年，是世界佛教的一大聖地和緬甸國家的象徵，塔身高 112 米，塔身貼有 1000 多張純金箔。

2014 年 6 月吳登盛一行參訪洛陽白馬寺，出席「緬甸風格佛殿落成典禮暨安奉開光法會」，受到中國佛教協會會長傳印長老、中國佛教協會副會長、河南省佛教協會會長永信法師，中國佛教協會秘書長王健，中國佛教協會副秘書長、靈光寺方丈常藏法師，中國佛教協會副秘書長、白馬寺方丈印樂法師及僧俗二眾的熱情接待。國家宗教事務局局長王作安陪同吳登盛出席了活動並發表致辭。河南省省長謝伏瞻、中國駐緬大使楊厚蘭、河南省委常委兼洛陽市委書記陳雪楓、河南省副省長張廣智以及河南省、洛陽市有關方面負責人參加了活動。

據悉，白馬寺西側預留出 400 畝地為國際佛殿區，目前，印度風格佛殿、泰國風格佛殿、緬甸風格佛殿等三座國際佛殿均已經建成開放，日本風格殿、韓國風格殿的相關問題還在溝通之中。

越來越多的國家決定以國家的力量在洛陽白馬寺建立本國風格的佛殿，說明了洛陽白馬寺作為中國佛教祖庭的地位不僅得到了教界的廣泛認可，也得到了各國政府的廣泛認可。

# 第二章 禪宗第一祖庭——嵩山少林寺

　　少林寺可以說毫無疑問是中國最有名的寺廟。提起少林寺，中國人都知道「達摩面壁」、「十二棍僧救唐王」等耳熟能詳的故事，但要說少林寺的來歷、少林寺與禪宗的關係、少林武術的源頭、明代的抗倭僧兵，恐怕沒有多少人能說的清楚，本章試圖為讀者勾畫出少林寺的來龍去脈。

## 一、北朝時期的少林寺

少林寺山門

　　少林寺的創立者是跋陀，也翻為佛陀。《魏書‧釋老志》記載：「西域名僧跋陀，有道業。深為高祖所敬信。詔於少室山陰立少林寺而居之，公給衣供。」

這裡的「高祖」指的就是北魏孝文帝元宏。《續高僧傳》卷十六記述他的名字為佛陀:「結友六人,相隨業道,五僧證果,唯佛陀無獲。」〔註1〕後道友告訴他,修道要有機緣,你與震旦國(即中國)有緣,會很有好處。於是佛陀禪師就遊歷到了北魏的首都平城(今大同),孝文帝當時還在平城,出資供養他。平城當地有一個康姓的人家,為他建造了精舍,供他修行。有一天,一個小孩看到房屋內火光衝天,告訴眾人,大家跑去救火,卻發現佛陀在屋內打坐,房間安然無恙,於是都認為佛陀已經得道。

後來孝文帝遷都洛陽,佛陀禪師也隨之到了洛陽。孝文帝在洛陽為他建立精舍,但他不喜歡都市的繁華,就到嵩山隱居。太和十九年(495),孝文帝於是敕令給佛陀造寺,這就是少林寺的建立。當時海內修行的人都去少林寺訪學,寺院常有數百名修行者。有人預言:「此少林精舍,別有靈祇衛護,一立以後,終無事乏。」〔註2〕道宣講,從少林寺建立到唐代的近二百年,少林寺雖然屢次荒蕪,但始終能夠再次繁榮,寺內供養充足,可見前人預言不虛。

少林寺的開創者佛陀禪師,可能就是北魏三大譯師之一的佛陀扇多。佛陀扇多曾與勒拿摩提、菩提流支一起翻譯出了《十地經論》,開創了地論學派。《十地經論》本是對《華嚴經》裏《十地品》注解,但由於注解者是著名的瑜伽行派大師(唯識學派)世親,故裏面有大量的唯識思想,故也可以視為唯識經典。佛陀扇多先後在洛陽白馬寺以及東魏鄴城的金華寺譯經,並翻譯出了著名的《攝大乘論》二卷,這是唯識宗最重要的幾部經典之一。

佛陀禪師的弟子,著名的有慧光。慧光(468～537):俗姓楊,河北滄州人,主要活動於六世紀前期。據說佛陀禪師一次在洛陽街頭,看到一個小孩在踢毽子,一次能踢幾百個。認為「此小兒世戲有工,道業也應無味。」毽子能踢得這麼好,學佛法也一定能有成就,於是就度他為沙彌。慧光聰明異常,往往剛學完經文就能宣講,被時人稱為「聖沙彌」,佛陀禪師擔心他過於玩弄聰明,就令他先修習戒律。後來慧光感覺只學戒律有些道理講不透徹,就決心學習經論。佛陀禪師告訴他,不要局限於修行事業,也要參與弘法活動。於是慧光改投勒那摩提門下學習經論,並參與了對《十地經論》的翻譯,當菩提流支

〔註1〕(唐)道宣撰,郭紹林點校:《續高僧傳》,北京:中華書局,2014年9月,第563頁。

〔註2〕(唐)道宣撰,郭紹林點校:《續高僧傳》,北京:中華書局,2014年9月,第564頁。

和勒那摩提就某一問題發生異議時，慧光常常能夠提出獨到的觀點，彌合兩人的不同。慧光是唯識學、律學、華嚴學發展過程中至關重要的人物之一，是北朝最有成就的僧人。他聞名於東魏、北齊，是當時佛教界的領袖。

佛陀禪師的另一個弟子僧稠（480～560）法師，與少林寺的關係更為密切。他原籍昌黎（今河北徐水），實則是鄴城人（安陽）。《續高僧傳》說他「性度純懿，孝信知名，而勤學世典，備通經史，徵為太學博士，講解墳索，聲蓋朝廷。」曾為太學博士，以文才知名。但一覽佛經，就「煥然神解」，毅然出家，時年二十八歲。曾隨佛陀禪師的弟子道房學過止觀，後四處遊學。僧稠所學的禪定，既有「四念處」之類的小乘定法，也有「十六觀」之類的大乘定法，並非像有些書所說僅是小乘定法。後入深定，一定九日，出定後感覺已有所得，就到嵩山去找佛陀禪師印證。佛陀禪師稱讚道：「自蔥嶺以東，禪學之最，汝其人矣。」就為其授予更精妙的禪法。並讓他住在嵩嶽寺，並讓他住持嵩嶽寺。唐開元十六年（728 年）的《嵩嶽少林寺碑》記載：「稠禪師，探求證法，住持塔廟。」

近年安陽師範學院馬愛民教授帶領團隊，考究僧稠的來歷，發現小南海石窟裏有僧稠的弟子為僧稠所做的畫像，非常珍貴。他們根據唐開元年間張鷟〔zhuó〕的《朝野僉（qian）載》的紀錄，說僧稠是從小就出家做沙彌，並習練武術，為少林寺武學的開創者。〔註 3〕可見，關於僧稠，有兩套傳說系統。

僧稠在少林寺求學，在嵩嶽寺禪定數年則是事實，說他是少林武學的鼻祖，也可以成立。僧稠在孝明帝末期，便離開少林寺，到處遊歷，直到被高洋請到鄴城。他在少林寺、嵩嶽寺到底呆了多少年，現在已經不可考證，最多不過十年左右，也可能僅僅為數年。

魏齊易代，北齊文宣帝高洋，屢次徵召僧稠，他只好到鄴城。高洋想看看佛教有何神通，僧稠說佛法不是為了顯示神通。高洋於是高聲說：「難道佛教就沒有神通嗎？」僧稠無奈，將袈裟扔到地上，讓高洋的武士去撿，十幾個武士都拿不起來。僧稠讓身邊的小沙彌去拿，小沙彌輕輕地就撿了起來。大家都很驚異。高洋就問僧稠，自己前世為什麼？僧稠回答說是羅剎鬼，所以你今生好殺。高洋不信，僧稠就端來一盆水，讓高洋照自己的臉，高洋一看，水中果然出現羅剎鬼的樣貌，於是求僧稠為其講法。僧稠為高洋講述四念處法，嚇得

---

〔註 3〕轉引自程鵬宇：《稠禪師與少林寺及少林武術》，《解放軍體育學院學報》，2005 年第 2 期。

高洋冷汗直流，表示願意皈依佛教，為他授予菩薩戒，菩薩戒是大乘戒，這再次證明僧稠並不是小乘佛教徒，他只是使用過小乘教理與教法從事過修行和弘法而已。高洋在鄴城西南之龍山為其造精舍，起名雲門寺，並為大石窟寺主，並兩次擔任僧綱。

### 少林寺所在的少室山

後來被譽為禪宗初祖的菩提達摩，何時來到嵩山，我們只能做大體的推測。《洛陽伽藍記》講他曾去北魏首都洛陽朝拜過永寧寺，永寧寺存在的時間是 517～534 年，則可以推測達摩可能在 520 年左右來到洛陽的，他是主要傳播定學的，但因為當時的中國還留有西晉清談的習氣，「盛弘講授，乍聞定法，多生譏謗。」後來他很快就到嵩山山洞中「壁觀」打坐，這就是少林寺著名的達摩洞。因為魏孝文帝為同樣擅長禪定的佛陀禪師在嵩山建立了少林寺，很多禪修的人都是造訪。

達摩在山洞面壁九年，收到了慧可這個嗣法弟子。慧可最早出家在洛陽龍門香山寺，很有才華，但由於無師承而遭人鄙視，他於是到處尋訪名師，最後找到了達摩這裡。開始達摩為了考驗他，並不接收他。慧可於是砍下自己的一隻胳膊顯示決心，終於感動了達摩，收為弟子，史稱「斷臂求法」。但實際上，這個「斷臂求法」的故事，是後來的禪僧演繹的，真實的情況是被「惡比丘」，可能是當時與之競爭的小乘禪派的僧人砍斷的，當時被「惡比丘」砍斷胳膊的不只是慧可，還有他的好友曇林法師。具體可見本書《空相寺》一章。慧可慧可主要活動於公元 530 年至 577 年。他創造性地將般若學與佛性輪結合起來，

把愚與賢，密與悟，眾生身與佛身等等同起來。反對離開煩惱尋找涅槃，離開眾生身尋找佛身。在慧可眼裏，佛陀更像是「聖人」而不是「神人」。據說慧可後來遭遇到北周武帝滅法，被迫南下，躲到安徽司空山，法難結束後又回到北方，卻受到當地僧人的迫害，他所講的法被誣為「魔語」，本人被誣告為「妖」，被成安縣令所殺。

慧可得嗣法弟子為僧璨。僧璨主要活動於公元 570 年至 600 年。活動的主要地點是安徽司空山（今皖公山），據載僧璨是頭陀行，居無定所。他蔑視官方的所倡導的教派，甘於淡泊寂寞。他似乎反對讀經禮佛，反對禪定攝心，對達摩的禪法頗有發揮。禪宗到僧璨時為之一變。他採取的教法也是創新的。據說他教授徒弟，只是教些粗淺的常識，然後就以「呈心要」的方法，給師傅「印正」。這個方法後來一直被禪宗所使用。

僧璨為何採用這麼奇怪的教法？為何對達摩的禪法給予改進？這是由他所處的歷史背景決定的。由於達摩和慧可在北方先後被害，僧璨只有南下，和他一起南下的，是龐大的難民隊伍。這些難民中主要都是目不識丁的下層群眾，他們需要禪師們的講法來慰藉自己的心靈，給予生活的勇氣；而像僧璨這樣的頭陀僧也需要靠這些南遷的難民的供養才能生活。由於他講課的對象是目不識丁的信眾，那就不可能依靠經論去講，所以禪宗「不立文字」是由當時的弘法對象決定的。

北周武帝宇文邕的滅法活動，從建德三年（574）到宣政元年（578），不僅使初生的達摩禪系差點夭折，也使少林寺遭受毀滅性的破壞。宣政元年（578年），宇文邕統率五路大軍北上抗擊突厥的進犯，卻在行軍途中得病而死，大權逐漸落到了從小在尼寺中長大的楊堅手裏。大象年間（579～581），靜帝下令恢復佛道二教。少林寺改名為東陟岵寺，與長安的西陟岵寺（今大興善寺）相對。在滅佛運動之前，西魏文帝元寶炬、北周明帝宇文毓都建立過陟岵寺，但都在長安地區。由於當時東西魏分立，洛陽地區淪為雙方交戰的戰場，所以少林寺改名陟岵寺的時間，只能在北周統一北方以後。唐裴漼《少林寺碑》載：「大象中，初復佛像及天尊像，乃於兩京各立一寺，因孝思所致，以陟岵為名。其洛中陟岵，即此寺也。」所謂「陟岵」即源自《詩經·魏風·陟岵》：「陟彼岵兮，瞻望父兮。」「陟彼屺兮，瞻望母兮。」《毛詩序》曰：「《陟岵》，孝子行役，思念父母也。國迫而數侵削，役乎大國，父母兄弟離散，而作是詩也。」可見「陟岵」二字，有為父親追思的意味，也有感歎國家被奪的悲恨。

## 二、隋唐時期的少林寺

僧璨的嗣法弟子是道信（579～651）。在道信21歲那年，僧璨認為他已經可以自立，於是南下廣東羅浮山，並拒絕道信跟隨。但是道信也南下了，他先是在江西吉安呆了幾年，又準備去湖南衡山，結果走到江州（今九江），被僧俗留於廬山大林寺。於是他在廬山弘法十年，影響逐漸擴大。後來「蘄州道俗，請渡江北黃梅縣，眾造寺，依然山行。」道信在湖北黃梅雙峰山建立根據地，作為弘法的據點。他首創禪僧定居的弘法道路，建立根據地，農村包圍城市，這是劃時代的創舉。

少林寺立雪亭

道信法師活動的時期，正是隋唐易代的時期，正當道信在江西各地弘法時，李世民的唐軍也在進行著統一中國的戰爭。在與盤踞洛陽的王世充部戰鬥時，少林寺的僧人審時度勢，幫助李世民打敗了王仁則的鄭兵，奪取了轘（huan）州，（即今偃師東南府店鎮十八盤附近），唐政府事後派上柱國李安遠到寺表彰。這就是流傳至今的「十三棍僧救唐王」的故事的來歷。當時的寺主是志操和尚，武僧的統領是曇宗，後被封為「大將軍僧」，少林寺因功被賜田地四十頃，加上國家分配的「口分田」三十頃，少林寺有田七十頃，合一千多畝地，寺院經濟頗為發達。

與唐初少林寺寬裕的寺院經濟相比，剛剛在偏僻的湖北東部黃梅縣深山裏落腳的禪宗四祖道信就艱難多了。儘管如此，他還是依靠自己的力量，在湖北站穩了腳跟。道信的嗣法弟子是弘忍（600～674）。弘忍就是湖北黃梅人。

弘忍學成後，定居在黃梅縣的東山。他繼承了其師道信的法脈，堅持走山林佛教的道路。《楞伽師資記》記載：「（有人問）學道何故不向城邑聚落，要在山居？答曰：大廈之材，本出幽谷，不向人間有也，以遠離人故，不被刀斧損折。——長成大物後，乃堪為棟樑之用。故知棲神幽谷，遠避塵囂，養性山中，長辭俗事，目前無物，心自安寧。從此道林開花，禪林果出也。」弘忍強調農禪結合，將禪的精神理解為就是日常的勞作生產活動，對後來的禪宗影響深遠。弘忍滅度於公元 674 年。

玄奘法師歸國後，曾想去少林寺翻譯佛經，但被太宗拒絕：

法師又奏云：「玄奘從西域所得梵本六百餘部，一言未譯。今知此嵩嶽之南、少室山北有少林寺，遠離廛落，泉石清閒，是後魏孝文皇帝所造，即菩提留支三藏翻譯經處。玄奘望為國就彼翻譯，伏聽敕旨。」帝曰：「不須在山，師西方去後，朕奉為穆太后於西京造弘福寺，寺有禪院甚虛靜，法師可就翻譯。」

玄奘法師上奏皇帝說，我在西域帶回來的梵本經書六百餘部，一句都還沒有翻譯。河南嵩山之南、少室山之北有少林寺，遠離塵俗，泉石清閒，是後魏孝文皇帝所造，也是當時菩提留支三藏翻譯佛經的地方。我希望能為了國家在那裏翻譯佛經，請皇帝批准。李世民說，不用到山裏，你到西方取經後，我為穆太后在長安建弘福寺，那裏有個禪院非常幽靜，法師可到那裏從事翻譯。

唐高宗時期，玄奘法師嘔心瀝血翻譯佛經，身心勞損很大，並且每天疲於應酬不勝其煩，因此再次產生歸隱嵩山之意：

沙門玄奘言：名聞，菩提路遠，趣之者必假資糧；生死河深，渡之者須憑船筏。資糧者三學三智之妙行，非宿舂之類也。船筏者八忍八觀之淨業，非方舟之徒也。是以諸佛具而升彼岸，凡夫闕而沉生死。由是茫茫三界，俱漂七漏之河，浩浩四生，咸溺十纏之浪，莫不波轉煙回，心迷意醉，窮劫石而靡息，盡芥城而彌固。曾不知駕三車而出火宅，乘八正而適寶方，實可悲哉！豈直秋之為氣，良增歎矣。寧唯孔父之情，所以未嘗不臨食輟餐，當寐而警者也。

玄奘上書：菩提路遠，追求者必須具備資糧，生死河深，渡之者須憑藉舟船。所謂的資糧，就是指智慧的學習，不是吃飯的食物。所謂的舟船，指的是禪觀的修行，不是河上的行船。所以兩者具備，就可以達到彼岸，凡夫就只能墜入生死輪迴。這樣，茫茫三界，都是七漏之河，浩浩生死，都浸泡在煩惱的

浪中，處於其中的人沒有不心迷意醉，不能自己，不知道自己身處火宅之中，不知道應該乘佛法而出，到達彼岸，實在是可悲。就算是孔子那樣知天命的人，也曾經想到生死而吃不下去飯，睡不著覺。

> 玄奘每惟此身眾緣假合，念念無常，雖岸樹井藤，不足以儔免脆；干城水沫，無以譬其不堅。以朝夕是期，無望長久。而歲月如流，六十之年颯焉已至。念茲遄速，則生涯可知。復少因求法尋訪師友，自邦他國，無處不經。塗路遐遙，身力疲竭。頃年已來，更增衰弱。顧陰視景，能復幾何。既資糧未充，前塗漸促，無日不以此傷嗟，筆墨陳之不能盡也。

玄奘每次想到自己的身體是眾緣假合而成，不能長久，就算是水邊的樹藤，臨近水面，也不免折斷而死。所以早有赴死的準備，並不期望能活很久。歲月如流水，60歲已經到了，60歲一到，再活多少年就可以預期。我少年時期到印度取經，路途遙遠，身心疲憊，近年以來，更加衰弱。前後算算，還能再活幾年呢！然而資糧還未充足，時間已經有限，每天都在為此擔心，筆墨不能寫出我內心的憂傷。

> 然輕生多幸，屢逢明聖，蒙光朝不次之澤，荷階下非分之恩，沐浴隆慈，歲月久矣。至於增名益價，發譽騰聲，無翼而飛，坐凌霄漢，受四事之供，超倫輩之華，求之古人所未有也。玄奘何德何功以至於此，皆是天波廣潤、日月曲臨，遂使燕石為珍，駑駘取貴。撫躬內省，唯深慚惡。且害盈惡滿，前哲之雅旨；少欲知足，亦諸佛之誠誡。玄奘自揆，藝業空虛，名實無取。天慈聖澤無宜久明，望乞骸骨畢命山林，禮誦經行以答提獎。

可是我這一生很幸運，老是碰到聖明的君王，受到想不到的恩寵這麼多年。至於爆得大名，坐在京師，受到四方的供養，享受的榮華是古代先賢沒有過的。玄奘我何德何能，能夠做到這樣。這都是陛下將石頭當做珍寶，將劣馬當做良馬的緣故。玄奘我躬身自省，深深地感到不安。況且水滿則溢，月圓則虧，這是前人總結的教訓；知足少欲，也是諸佛的教誨。玄奘自認為自己學業空虛，名不副實，陛下給予的恩澤已經太多了，希望離開京師，將自己的衰骨埋到山林。使我在山林間誦經來回報陛下的大恩。

> 又蒙陛下以輪王之尊，弘法王之化，西域所得經本並令翻譯。玄奘猥承人乏，濫當斯任。既奉天旨，夙夜非寧。今已翻出六百餘

卷，皆三藏四含之宗要，大小二乘之樞軸，凡聖行位之林藪，八萬
法門之海澤，西域稱詠以為鎮國鎮方之典。所須文義無尋不得，譬
擇木鄧林隨求大小，收珍海浦任取方圓，學者之宗斯為彷彿。玄奘
用此奉報國恩，誠不能盡，雖然亦冀萬分之一也。

### 少林寺哼哈二將

蒙陛下以轉輪王的地位，弘揚佛法，西域得來的佛經，讓玄奘翻譯。玄奘
本無此德，濫竽充數，但受到皇帝的敕令。晝夜不敢放鬆，現在已經翻出六百
餘卷，都是佛教經典的精華。西域諸國都認為這些都是可以護持國家與地方的
經典。這些經典的存在，猶如山林，讓取材的人進去可以按自己的需要隨意尋
取；猶如寶山，讓尋寶之人隨便撿取；學法之人也可以隨意在這些典籍中找到
自己需要的經典。玄奘我用這些來報效國恩，確實有點少，但也希望能夠達到
陛下期望的萬分之一。

但斷伏煩惱，必定慧相資，如車二輪，缺一不可至。如研味經論慧學也，依林宴坐定學也。玄奘少來頗得專精教義，唯於四禪九定未暇安心。今願託慮禪門，澄心定水，制情猿之逸躁，繫意象之奔馳，若不斂跡山中，不可成就。竊承此州嵩高少室，嶺嶂重疊，峰澗多奇，含孕風雲，苞蘊仁智，果藥豐茂，蘿薜清虛，實海內之名山，域中之神嶽。其間復有少林伽藍、閑居寺等，皆跨枕岩壑，縈帶林泉，佛事尊嚴，房宇閒邃。即後魏三藏菩提留支譯經之處，實可依歸以修禪觀。

但要斷伏煩惱，就需要禪定與智慧相互支撐，這猶如車之二輪，缺一不可。研究經論，這是慧學，山林禪定，這是定學。我對教義比較精通，但對於禪定還有差距。所以想到山中修習禪定，不到山中去，就不可能有所成就。個人以為河南嵩山少室山，叢林疊嶂，山澗多奇，果樹藥草豐茂，是海內名山，大唐境內的神山。山中還有少林寺、閒居寺等，都是法事莊嚴的名寺，也是後魏三藏菩提留支翻譯佛經的地方，可以用來修習禪定。

又兩疏朝士，尚解歸海辭榮，巢許俗人，猶知棲箕蘊素，況玄奘出家為法，翻滯寰中，清風敬人，念之增愧者也。伏惟陛下，明狗七曜，照極九幽。伏乞亮此愚誠，特垂聽許。使得絕囂塵於眾俗，卷影跡於人間，陪麋庶之群，隨麀鶴之侶，棲身片石之上，庇影一樹之蔭，守察心鼠，觀法實相，令四魔九結之賊無所穿窬，五忍十行之心相從引發。作菩提之由漸，為彼岸之良因。外不累於皇風，內有增於行業，以此送終天之恩也。倘蒙矜許，則廬山慧遠，雅操庶追；剡岫道林，清徽望續。仍冀禪觀之餘，時間翻譯，無任樂願之至。

再者，朝中的官員，還有退休之日，鄉野的俗人，晚年也能放下勞動工具，曬曬太陽。何況玄奘出家後到處奔波，現在到老還不能休息。希望陛下能寬宏大量，允許我到嵩山去。讓我能離開紅塵，與麋鹿野鶴相伴，棲身於岩石洞中、大樹之下，靜心修行禪定，降服四魔，觀法實相，既不麻煩皇室，又能增加自己的定力。如果皇上能夠允許，那麼像廬山慧遠、東晉道林那樣的傳統，就可以得到繼承。我還寄希望於禪觀之餘，還能有時間從事翻譯，這是我最希望做的事情。

　　玄奘晚年，極其思念故鄉，葉落歸根之念越來越大，所以他言語懇切，幾近哀求。然而，高宗還是捨不得玄奘離的太遠：

> 省表，知欲晦跡巖泉，追逍遠而架往；託慮禪寂，軌澄什以標今。仰挹風微，實所欽尚。朕業空學寡，靡究高深。然以淺識薄聞，未見其可。法師津梁三界，汲引四生，智皎心燈，定凝意水，非情塵之所翳，豈識浪之能驚。道德可居，何必太華疊嶺；空寂可舍，豈獨少室重巒？幸戢來言，勿復陳請。即市朝大隱，不獨貴於昔賢；見聞宏益，更可珍於即代。

　　看到了你的上表，知道你想遁跡山林，效彷彿圖澄與鳩摩羅什，這樣的想法，讓人欽佩。我學識淺薄，不知深淺。但就我的觀點看來，沒有必要這樣。法師你已經是智慧、禪定非常了得的得道高僧了，還有什麼情識能夠干擾到您呢！況且修心養性，何必非得嵩山呢，修習禪定的地方，難道只有少室山嗎？請看到我的信後，不要再來陳請。想做隱士，也不必非要向先賢學習，法師有這麼高深的知識，更應該受益於當代。

　　高宗後來給出了一個妥協的方案，那就是到陝西銅川玉華宮去，那裏有原來皇帝的行宮玉華宮，讓給玄奘去隱居。這樣，就離長安不遠，皇帝還可以時常能夠見到。玄奘在銅川玉華宮翻譯出了著名的《大般若經》600卷，也耗盡了心力，圓寂在了那裏。

　　玄奘在太宗朝、高宗朝兩次提出想到嵩山少林寺隱居禪定，可見，嵩山少林寺在當時僧眾心中的地位有多高啊！

　　女皇武則天也與少林寺有過交涉。咸亨三年（672），李治和武則天駕臨少林寺，武則天並在少林寺留下了《御製修少林寺書》：「暑候將闌，炎序彌溽，山林靜寂，梵宇清虛，宴坐經行，想當休念。」說明李治與武后此行，主要目的是在夏秋之際，到山中避暑遊玩。武則天的母親楊氏，於兩年前去世，楊氏生前曾在少林寺營建有禪院，武則天文中說：「睹先妃之淨業、薰修之所，猶未畢功，一見悲涼，萬感兼集。」在《御製詩》中也說：「從駕幸少林寺，睹先妃營建之所，倍切煢衿，愈凄遠慕。」表示要出資幫助母親完成未經的心願：「今欲續成前志，重修莊嚴，故遣三思（即武三思）賚金絹等物，往彼就師平章。幸識斯意，即務修營，望及諱辰，終此功德。所冀罄斯，誠懇以奉津梁，稍宣資助之懷，微慰煢迷之緒。」武則天讓武三思帶著金錢與絲絹到少林寺，委託寺方代為營建，務必在楊氏忌日前建好。

## 少林寺塔林

　　武則天曾將母親楊氏生前的住宅捐為太原東寺，後又改為魏國東寺，她當上皇帝後，再改為大福先寺，也是為其母親追冥福。如意元年（692），武則天令將少林寺北魏夾紵塑像一堂十五軀神王像迎入福先寺供養。唐代《敕還少林寺神王師子記》碑云：

> 大周天冊萬歲金輪聖神皇帝如意元年，迎神王入內，其神王元是泥塑彩裝，其皇帝敬重神王，脫空佇乣（zhujiu），以金裝為□……
> 〔註4〕

　　少林寺主義將後來上書給廣政門，說少林寺距離都城洛陽稍遠，為了增加莊嚴氣氛「功德不缺莊嚴」，吸引信眾「往來有所瞻仰」，希望有司能夠將移到大福先寺的神王像移回少林寺兩軀，獲得批准，但隨神王像一同被帶到大福先寺的一對石獅子卻並未歸還，於是義將再次上書請求歸還少林寺的石獅子，也獲得批准。武則天於久視元年（700）敕還少林寺。

　　弘忍的東山法門標誌著禪宗已經成氣候。弘忍門下傑出弟子不少，其中很多受到朝廷的注意。大致而言，有影響的可分為四支：法如、道安為代表的嵩山法系、京師神秀法系、曹溪慧能法系、四川智詵法系。與少林寺有關的是法如、老安的嵩山法系。

---

〔註4〕（清）王昶《金石萃編》卷九十一，北京：中國書店，1985年3月（第一版），第三冊。

　　法如是陝西上黨人，19 歲出家，後追隨弘忍十六年，直到弘忍圓寂後，才北遊嵩山，後任少林寺法主。法如主持召開了一次盛大的集會，在會上第一次明確了禪宗從達摩到自己的法系傳承，確定自己是弘忍的嗣法弟子。這種通過梳理「道統」確立自身地位的方法，對後世禪宗影響巨大。

　　據有學者統計，弘忍圓寂後，各地都有自稱是弘忍嫡傳弟子的說法，但最集中、最普遍的是法如，有好多人是慕名去嵩山找法如拜師的，無奈法如圓寂的早，才改投神秀的。原因很簡單，在當時的人眼裏，慧能只在弘忍處學習過三年，神秀只在弘忍處學習過六年，而法如服侍弘忍十六年，直到他圓寂才離開，誰是嫡傳弟子是很明顯的。

　　唐代與玄奘齊名的著名西行求法僧義淨，曾到過少林寺組織過戒壇，按照印度佛教說一切有部戒律傳戒。義淨生於 635 年，山東人，8 歲出家，從小就羨慕玄奘西行的壯舉。長大後看到南山律、相州律、東塔律相互競爭，決心到印度求取真正的律法，彌平國內的紛爭。672 年，他從廣州出發，從水路到印度，取回了經律論典籍近四百部，佛舍利子三百粒，其中律典主要是說一切有部戒律，這也是他取經的主要目的。武則天證聖元年（695），義淨回到洛陽，受到武則天的熱烈歡迎，女皇親自到東門外迎接義淨。義淨後來被尊為中國五大譯師之一（鳩摩羅什、真諦、玄奘、義淨、不空）。

　　義淨歸國後，懷著極大的熱情，把取回來的佛經翻譯成漢文。長安四年（704），他親自到少林寺舉行盛大的傳戒活動，希望能弘傳說一切有部的戒律，受到了少林寺主義獎等僧眾的歡迎，法會舉辦了三十天，圓滿結束。但是，說一切有部律沒有像四分律那樣經過學者的充分中國化的改造，並不適應中國國情，並沒有像義淨希望的那樣傳下去，但它保留了印度的很多歷史資料，依然很有價值。義淨專門到少林寺組織戒壇，說明在義淨心裏，少林寺是佛教界最有影響力的寺廟之一。

　　唐代的新羅西行求法僧惠超，行程最遠到達大食和東羅馬、印度，比玄奘法師走的還遠，他是法如的弟子，也到訪過少林寺。

　　開元年間，唐玄宗曾為少林寺御書碑額七個字，交一行法師送到少林寺。唐裴漼《少林寺碑》記載「十一年冬，爰降恩旨付一行師，賜少林寺鐫勒。」

　　禪宗北宗也與少林寺有過交涉。神秀的嫡傳弟子普寂的徒弟同光法師（700～770）曾在少林寺弘法二十年，宗風大振，圓寂後埋在塔林。普寂的另外一個弟子法玩（715～790），生前也在嵩山活動，圓寂後埋在少林寺塔林。

## 三、宋元時期的少林寺

兩宋時期，少林寺本身並無大匠，但作為公認的禪宗祖庭，不少僧人還是前來巡禮和講學。雲門宗的脩顒（xiuyong）曾到少林寺講法，富弼等名士拜他為師。宋哲宗元祐四年（1089年）曹洞宗的報恩法師到到少林寺，並與少林寺僧眾辯禪。有學者認為，這是官方支持的「革律為禪」的案例，但從少林僧眾與報恩法師的問難過程而言，那就是辯禪的過程，禪宗或早已進入少林寺。報恩法師的辯禪，可能是曹洞宗人住持少林寺的開始。少林寺也改稱為「十方少林禪寺」。少林寺初祖庵的建立，或許也是在這個時期。

宋徽宗時期，少林寺的住持為惠初法師，他曾是長安臥龍禪寺的住持，後到少林寺擔任住持。洛陽人李昌儒曾到訪過他，並留下詩句：「昔日曾聞獅子音，清風匝地滿叢林，不須更問西來意，曉月亭亭正露金。一見師來契此心，更於何處問知音，要尋達摩當年事，只是如今舊少林。」北宗著名書法家蔡京，也為少林寺初祖庵提寫過「面壁之塔」四個字，並稱惠初為「住持、嗣祖、賜紫、佛燈大師惠初勾當。」〔註5〕

1127年，靖康之難，金兵南下，河南淪為金國版圖，金代少林寺的寺主為祖端（1115～1167），他並非完全的禪僧，也非常重視佛理，善於講述《華嚴經》與《圓覺經》，祖端也頗有密教色彩，今少林寺方丈院南牆上還刻畫有《妙色那羅延執金剛神像》一副，注明是少林祖端上石，附有文字說明：「經雲，此神即觀音示現，若人盡心供養，持此印咒，則增長身力，無願不獲，靈驗頗多，罔能具說。」祖端身上體現出的闡教密合一的特點，或與金人的信仰習慣有觀。

13世紀，蒙古人南下，席卷全國，建立元朝。曹洞宗的萬松行秀（1166～1246）成為了最受朝廷信任的禪僧，他的一些僧俗弟子，如李純甫、耶律楚材、趙秉文、雪庭福裕，這些政治家、文學家、高僧以孔門禪為標榜，表現在兼通佛儒，核心是萬松行秀的思想，加之元好問的鼓吹，從而使孔門禪形成了巨大的影響。

葉楓樺先生在其大作《孔門禪與禪宗思想》中總結說：孔門禪主要是李純甫在禪宗祖庭少林寺時所論述，是時，元好問也流連於少林寺附近，故「孔門禪」也多稱「少林孔門禪」。此時少林寺為禪宗曹洞宗萬松行秀、雪庭福裕一系所住持。其中萬松弟子有東林誌隆、木庵性英，乳峰德仁、雪庭福裕、復庵

---

〔註5〕溫玉成《少林史話》，北京：金城出版社。2008年8月，第110頁。

圓照都住持過少林寺。雪庭福裕被尊為「少林寺中興之祖」，由於他是禪宗曹洞宗第二十世祖，由此標誌著曹洞宗的正式回歸祖庭，延續至今。福裕本人與朝廷的密切關係，致使少林寺在元代獲得了很大的發展，因而也繼續擴大了「孔門禪」的影響力。〔註6〕

　　孔門禪號召信佛之居士要把入世與出世結合起來，把內學（佛學）與外學（儒學）結合起來，既要以佛治心，也要以儒家治世。溫玉成先生認為，雖然宋代以來士大夫們出入儒釋，但孔門禪和他們還是有不同，宋代的士大夫們是「外佛內儒」，而孔門禪是「內佛外儒」。〔註7〕當時，性英、德仁、福裕、圓照等先後任少林寺住持，他們或者與萬松行秀關係密切，或者就是萬松行秀的弟子，當然也都是「孔門禪」的中堅，其中，雪庭福裕名氣最大，甚至被稱為少林寺的中興者。

　　福裕有時也稱少林福裕，1253年被蒙哥大汗授予「都僧省」的職務，權力很大，但他最有名的事蹟是和道士辯論並獲勝，在當時獲得了很大的聲譽，成為了繼萬松行秀之後元代的僧界領袖之一。白馬寺當時的寺主龍川行育法師，也參與了當時的佛道辯論，並與福裕關係不錯，福裕圓寂後，龍川法師給他的靈塔題寫了塔額。

　　但少林寺的這次「中興」，只是依靠朝廷的政治支持，在物質和勢力上的復興，並非福裕本人在佛學上有多少驕人的成績。按照當時流行的做法，福裕給少林寺確立了一個師徒傳承的輩分次序：「福慧智子覺，了本圓可悟。周洪普廣宗，道慶同玄祖。清淨真如海，湛寂淳貞素。德行永延恒，妙體常堅固。心朗照幽深，性明鑒崇祚。衷正善喜祥，謹愨（que，誠實）原濟度。雪庭為導師，引汝歸鉉路。」

　　雪庭福裕的再傳弟子古岩普就時期，少林寺常住僧人達到了兩千多人，為了管理如此眾多的僧眾，普就引入了《百丈清規》，這是少林寺制度化管理的一大進展。

　　元代少林寺對日本也有影響，日僧嫩桂祐榮曾在少林寺參學，歸國後在日本越前創立了日本少林寺。總之元代少林寺由於雪庭福裕的經營，古岩普就的管理，少林寺寺院經濟相當發達，擁有下寺多達二十多所，少林寺的繁榮，一直延續到元末。

---

〔註6〕葉楓樺：《孔門禪與禪宗思想》，少林寺網站。
〔註7〕溫玉成《少林史話》，北京：金城出版社。2008年8月，第122頁。

　　元末少林寺遭到紅巾軍的破壞。據《少林寺志》講，元代至正初年（1341），少林寺來了一個蓬頭垢面的怪僧，被安排到廚房打工，砍柴做飯，很是勤快，說話很少，沒事的時候就禪定打坐。到至正十一年三月六日（1351），潁州紅巾軍殺到少林寺，此怪僧持棍而出，變形數十丈，站在高峰上，大叫：「我是緊那羅王！」紅巾軍驚怖而走。從此少林寺就以持棍緊那羅王為本寺的伽藍神，也就是保護神。但緊那羅王只顯現了一次，後來紅巾軍捲土再來，僧人逃散，只留下了二十多老僧與病僧，由嵩溪子定（1314～1386）住持，他是元末少林寺的最後一任住持與明代少林寺的第一代住持。

## 四、明清時期的少林寺

少林寺伽藍神緊那羅王

　　明初少林寺迅速恢復到住僧五百多人。明代初期，對藏傳佛教非常重視，邀請多位藏傳佛教大師入南京，賜予大寶法王、大慈法王等稱號。自此，番僧入內地不絕於路，藏傳佛教高僧也曾住過少林寺，少林寺也有僧人承受藏密教法。少林寺塔林中，有一座「乾沒哪塔扁囤和尚靈塔」，這裡的「乾沒哪塔」就是藏傳佛教對高僧的尊稱。這位扁囤和尚，《少林寺志》裏有記載，說他是河南禹州人，俗家姓陳，二十歲到少林寺出家，「禮梵僧喇嘛為師」，向喇嘛求法名，喇嘛手指他正在編製的扁囤，說這就是你的名字。後來到峨眉金頂修行，感得阿彌陀佛示現，授予其《大彌陀經》，後來再次回到少林，為初祖庵施捨白銀三百兩，大開法席，後又想到峨眉修行，走至白帝城而逝。遺骨歸葬少林寺塔林，明英宗曾孫、新昌王朱厚尊為其題寫了碑文。據說，扁囤和尚還從喇嘛那裏學會了一套棍法，這就是少林寺著名的「夜叉棍」。

　　有明一代，少林寺發展平穩。正德年間，大太監張永被革職，閒居九年，期間他參禪修佛，九年期滿，朝廷忽然又徵召他入宮，擔任司禮監大太監。張永認為自己閒居修佛的九年與達摩面壁的九年相仿，自己再次被啟用，是達摩護佑的結果，就出資建造了金銅達摩坐像一尊。至今，這個銅像還在少林寺立雪亭中。

　　正德年間，少林寺的住持是月舟文載（1455～1524），他原本是五品的千戶長，後出家做了和尚。他對明代禪僧普遍重視讀經的傳統很不以為然，認為：「迷時需假三乘教，悟後方知一字無。」（《笑岩南集》卷下）認為讀經只是開悟的手段，不能把讀經當成目的。

　　嘉靖皇帝時期，少林寺的住持是小山宗書（1500～1567），他是少林寺月舟文載和尚（1455～1524）的弟子，看到月舟禪師圓寂後，少林寺曹洞宗無人能擔荷法席，就毅然勇挑重擔，為曹洞宗培養後學。他的弟子蘊空常忠（1514～1588），原為陽明後學，後來出家，到少林寺後，師從小山宗書，後到江西建昌（今黎川）壽昌寺，收到傑出弟子無明慧經（1548～1618），這是清代曹洞宗最大的支脈。無明慧經的弟子永覺元賢（1578～1657），則把曹洞宗傳到了福州鼓山湧泉寺，這是曹洞宗在福建開創的新陣地。

　　小山宗書在少林寺還接待過著名的抗倭將領俞大猷（1503～1580），嘉靖四十年（1561），俞大猷到少林寺切磋武學，看完武僧的表演後，他直言不諱的指出，名不副實，少林武術，已經衰落，並給少林寺尋找一塊形勝之地，建立「十方禪院」。小山宗書請求俞大猷給寺僧傳授武學，俞大猷答應在武僧中

收兩位徒弟（宗擎和普從），跟在自己左右，教授他們武功。後來兩位學成後回到少林寺，將所學的棍法傳授給少林寺僧。後來少林寺十方禪院建成後，俞大猷還親自題寫了《新建十方禪院碑記》。可見，少林寺武學的淵源很複雜，除了傳自稠禪師的傳統武學外，還有傳自西藏的棍法，還有俞大猷所傳的棍法。

## 少林寺白衣殿壁畫

小山宗書圓寂後，明藩王後裔、著名的「樂聖」朱載堉（1536～1611）書丹並題寫了塔額。朱載堉是藩居焦作的鄭王之子，喜歡音律，著有《樂律全書》四十七卷？《律呂精義》二十卷，首創十二平均律，領先世界半個世紀。朱載堉還在小山宗書碑的背後，刻出了《混元三教九流圖贊》：

> 佛教見性，道教保命，儒教明倫，綱常是正。農流務本，墨流備世，名流責實，法流輔制，縱橫應對，小說諮詢，陰陽順天，醫流原人，雜流兼通，述而不作。博者難精，精者未博，日月三光，金玉五穀，心身皮膚，鼻口耳目，為善殊途，咸歸於治。曲士偏執，黨同排異，毋患多歧，各有所施，要在圓融，一以貫之。三教一體，九流一源，百家一理，萬法一門。

佛教強調明心見性，道教強調保存性命，儒家明綱常倫理。農家務本，名家責實，法家建立制度，縱橫家強調外交政策，陰陽家研究天象，醫者治療疾病，雜家綜合。要博就難以做到精，精者難博，百家都是只看到自己的精要，沒有廣博的認識。三教九流就像人的鼻子嘴巴和眼睛一樣，都是身體的重要組

成部分，缺一不可。殊途同歸，在治理國家這個總的目的上，都是一致的。諸家站在各自的立場上，黨同伐異，卻不知就像不同的病需要不同的藥方那樣，各種藥方都有用處。正確的態度應該是圓融，站在這個立場上，三教原為一體，九流就是一源，百家只有一理，萬法都是相通的。

**少林寺混元三教九流圖**

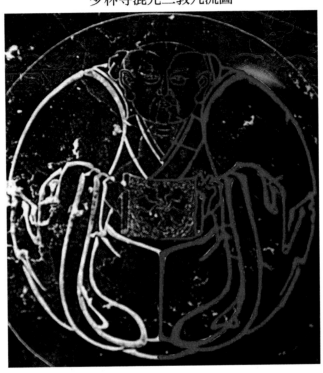

　　朱載堉的說法，反映了明代三教合流的傾向。他所繪製的「混元三教九流圖」，咋一看是個禿頭的釋迦佛的正面相，穿著僧衣。但仔細一看，其兩個耳朵卻不一樣，左耳朵是個圓形的帽子，右耳朵卻是個髮髻。原來，以釋迦佛的鼻子為界，左邊戴著圓形道冠的是道家的祖師老子，右邊有髮髻的為儒家的創始人孔子。這幅畫構思巧妙，很有時代特色。

　　明代是少林寺僧兵最盛的時期，少林寺僧兵出兵與倭寇作戰，屢立戰功，為少林寺歷史上最精彩的一頁。《明史·兵志》中說：「僧兵有少林、伏牛、五臺。倭亂，少林僧應募者四十餘人，戰亦多勝。」給少林寺僧兵以很高的評價。據說，少林寺僧出戰倭寇，朱髮靛臉，手持鐵棍，倭寇十分敬畏。少林寺僧為何將頭髮染成紅色？為何將臉染成青色？可能是仿傚護法神緊那羅王。

　　明朝時期，少林寺與伏牛山諸寺關係密切。明代伏牛山是與五臺山並列的佛教名山，伏牛山綿延八百里，大山腹地人少境幽，適合參禪和修煉，全國各地的僧人都慕名前去，在明代以欒川和嵩縣為中心，形成了著名的煉魔場。「牛山苦行」成為了僧人修學不能缺少的環節。隨著僧人的增多，少林寺應邀派出僧人到那裏規範戒律，實際上，伏牛山佛教能夠在明代興起，得益於其臨近少林寺的地位位置。元代少林寺住持鳳林子珪（1284～1345）就曾到伏牛山中，刀耕火種，穿草衣，吃野菜，苦行中得悟後才出山。這是我們知道的伏牛山煉魔場的最早的資料。我們推測，少林寺僧的苦行，可能是伏牛山煉魔場形成的原因。明代後期由於抵抗倭寇的需要，對僧人習武沒有禁止，這是伏牛山僧兵產生的大環境。少林寺僧重視武學，又常在伏牛山苦行，各地僧眾前來學習，久而久之，伏牛山僧兵成為與少林寺僧兵、五臺山僧兵相提並論的武僧基地。

　　大明萬曆五年（1625 年）河南巡撫程紹在少林寺觀武，作《少林觀武》詩：「暫憩招提試武僧，金戈鐵棒技層層。剛強勝有降魔力，習慣輕攜搏虎能。定亂策勳真證果，保邦靖世即傳燈。中天緩忽無勞慮，忠義毗盧演大乘。」大意是，我在少林寺歇息期間，讓少林寺武僧表演武學，只見鐵棒虎虎生風，變化無窮。真有降龍伏虎的本領。他們幫助政府弭平叛亂，抵禦倭寇，這也是修行，也是弘法，他們是用忠義來闡釋大乘佛教的真精神。程紹是河南巡撫，少林寺僧幫助他平定多處民眾起義，對此，程紹是頗為感激的，在詩中給予表彰。

　　萬曆皇帝朱翊鈞的母親李太后，十五歲到裕王府的宮女，偶然為朱載垕寵幸，生下朱翊鈞。後來朱載垕的兩位哥哥都夭亡，本來與皇帝無緣的朱載垕反而成了皇帝。朱載垕生了四個兒子，老三老四是李氏所生，但老大老二先後夭亡，以至於老三朱翊鈞成為了皇帝，李氏也母憑子貴，成為了太后。李氏一直篤信佛教，認為自己一生運氣實在太好，是自己崇信佛教的果報，所以對佛教非常支持。萬曆十六年（1588 年），李太后賜予少林寺大藏經。

　　明末少林寺最後一位有影響的僧人是無言正道（1547～1609），拜師於小山宗書的弟子幻休常潤，1592 年，無言正道出任少林寺住持，在少室山植樹造林，種下了上千棵柏樹。他還為就藩開封的周王父子講法，受到他們支持。

　　明朝末年，著名的旅行家徐霞客，到訪少林寺，這是明代少林寺接待的最後一位大師。徐霞客是天啟三年（1623）從開封出發，經過鄭州、密縣到達登

封，於農曆二月二十二日到達少林寺，住在了瑞光上人的房間。第二天，他登上了少室山，訪問了二祖庵，兩天後經偃師府店鎮轘轅關而到洛陽。

萬曆四十一年1613年）杭州人陳元贇入少林寺習武。1683年東渡日本，傳少林拳棍於日本。

萬曆皇帝中後期懶政，致使國家崩潰，後代已經無法挽回局面。李自成、張獻忠起義、滿清入關，少林寺時被亂兵所破壞，僧人逃散。

清初少林寺的住持僧是彼岸海寬（1596～1666），在他的經營下，少林寺僧人至順治末年又恢復到六百多人。康熙皇帝對少林寺非常重視，為少林寺題寫了寺名，現在仍懸掛在山門上。雍正時期曾一度禁止漢人習武，少林寺的武學因此受到影響，不再有明代的聲勢。

乾隆時期，朝廷撥款九千兩白銀，重修少林寺，奠定了今日少林寺的格局，但當時的河南巡撫王士俊，下令將少室山上的明末無言正道所種的柏樹全部砍去，充為木料，致使少室山又成光山，不知哪位有識之士能再次重續無言道公的事業。乾隆皇帝曾於1750年農曆9月30日年到訪少林寺，並留下了墨寶：「明日瞻中嶽，今宵宿少林。心依六禪淨，寺據萬山深。樹古風留籟，地靈夕作陰。應教半岩雨，發我夜窗吟。」

清末太平天國運動，帶動北方捻軍起義，少林寺附近匪患嚴重。

## 五、近現代的少林寺

民國建立後，匪患越加嚴重，少林寺被迫重新建立僧兵，與附近的土匪不斷產生摩擦。大約是二十年代，年輕的許世友到少林寺學習武術八年。比許世友晚一年，錢均也進入少林寺學武五年。建國後，他們被授予上將、中將的軍銜。

1928年，少林寺俗家弟子出身的樊鍾秀將軍，曾以少林寺為司令部，對抗馮玉祥的北伐軍，馮玉祥的部下石友三，擊敗樊鍾秀後，火燒少林寺。少林寺主要建築悉被燒毀，損失嚴重，寺僧逃散，只剩下了三十多名僧人。1944年，少林寺又被日軍佔領。

中華人民共和國成立後，在五十年代，對少林寺進行了全面的維修。1963年被授予省級文物保護單位。政治運動中，極端分子想破壞少林寺壁畫，行正法師將他們趕走。

俄羅斯總統普京到訪少林寺

　　1983 年，被列為全國重點佛教寺院。1984 年，少林寺移交給僧人，由德禪老和尚任方丈，1986 年，德禪任名譽方丈，行正任方丈。1981 年，安徽阜陽一個叫劉應成的年輕人辭別父母，到少林寺出家，拜方丈釋行正為師，成為嵩山少林寺曹洞宗第 47 世傳人之一，他就是釋永信法師。永信法師學成後又參學江西雲居山、安徽九華山、北京廣濟寺等處，並於 1984 年回寺，為釋行正作助手。1987 年 8 月，釋行正圓寂，德禪和尚重新擔任方丈，由於年事已高，由素喜和尚協助。1993 年德禪老和尚圓寂，素喜擔任住持。1999 年 8 月，釋永信升為少林寺方丈。少林寺在柏林、倫敦等地開辦了 40 多家文化中心，傳播少林文化。少林寺還在海外成立若干分寺，紐約法拉盛華人區的少林寺，有 750 平方米的規模，有大雄寶殿、藏經閣、五百羅漢堂和練武廳。除了紐約少林寺，休斯敦、洛杉磯等城市也有規模不一的少林寺分寺。2006 年 3 月 22 日，酷愛武術的俄羅斯總統普京訪問少林寺，觀看少林寺的武術。

　　2015 年 2 月 23 號，釋永信向新南威爾士州肖爾黑文市市長支付約 2040 萬人民幣的支票，結清購地所有款項，重啟少林村房產開發項目，這個項目包括一座少林寺澳洲分寺、一間四星級酒店、一所少林工夫學院以及相關教學配套設施。

　　少林寺還成為了造星的基地。1982 年，李連傑主演的《少林寺》火遍全國，也催生了少林寺附近的諸多武校。1994 年 6 月，河北南和縣農村的一個八歲的小孩，在村裏看完露天電影《少林寺》後，決定到少林寺學習武功，六

年後他走出少林寺，到北京成為了一名武打演員，憑著在少林寺練就的過硬的工夫，他逐漸嶄露頭角，成為了武打明星王寶強，另一個從少林寺走出的演員是釋小龍，自幼就在少林寺學習武功。最近一個走出少林寺的明星是著名的散打明星一龍。塔溝武校接連培養出散打冠軍，成為了當今中國的名牌武校。據粗略統計，少林寺附近有武校四十多所，光塔溝武校就有學生三萬多人，教育產業成為了登封的一大產業。

# 第三章　北宋皇家寺院——
## 開封大相國寺

　　清明上河圖、楊家將、包青天等故事描繪的是繁華的汴京，夢幻般的都城，大相國寺就坐落其中，並因在《水滸傳》、《金瓶梅》、《三俠五義》等明清小說中多次出現，名氣很大，與少林寺、白馬寺並列為河南三大佛教寺廟。

## 一、唐代時期的大相國寺

大相國寺山門

　　相傳大相國寺在戰國時期是魏國公子無忌，也就是俗稱的信陵君的住宅，故該地在宋代名為信陵坊。北齊時期，高歡高洋父子崇信佛教，在此地建有名為「建國寺」的寺廟，但在北周武帝宇文邕的滅佛運動中被毀。武周時期，一位名叫慧雲的法師來到開封，創建了相國寺。關於慧雲創建相國寺的由來，《唐東京相國寺慧雲傳》有記載：

> 釋慧雲，姓姚氏。湖湘人也，性識精明氣貌疏朗，高宗麟德元年，正十歲矣。……天後久視元年，江北行化，因緣未會。長安元年來觀梁苑，夜宿繁臺，企望隨河北岸，有異氣屬天。質明入城尋睹，乃歙州司馬宅西北園中池沼。雲徙步臨岸，見瀾漪中有天宮影，參差樓閣，合沓珠瓔，門牖彩繪而九重，儀像逶迤而千狀，直謂兜率之宮院矣。雲睹茲異事，喜貫心膺，吾聞智嚴經說，琉璃地上現宮殿之影，此不思議之境界也，今決擬建梵宮，答其徵瑞。

　　如此則慧雲生於唐高宗顯慶四年，即公元 654 年，他十歲出家，於長安元年（701）來到開封，晚上住在繁臺上，看見河北岸異氣衝天，第二天進入城中尋找，在歙州司馬宅地西北的池沼中，浮現有天宮的影子，樓閣重重，正是佛經中所述的兜率天宮的樣子。他心中非常高興，認為《智嚴經》中說，地上出現宮殿的影子，這是不可思議的境界，我一定要在此建立寺廟，回報這個徵兆。

　　為了籌集資金，慧雲於神龍二年（706）到濮陽報成寺，依照報成寺彌勒像的藍本，建造彌勒像。彌勒金像鑄成後，暫時放在寺院的偏殿中，並開始準備建造寺廟所需的材料。景雲二年（711），在福慧寺經坊北，購買鄭景的住宅，開始挖掘地基，結果挖出了一方古碑，顯示此地原是北齊天保六年（555）年建國寺的遺址。於是就將新建的寺廟稱為建國寺。

　　延和元年（712），寺廟剛剛建成，還沒有粉刷，政府下令毀撤沒有在政府登記批准的寺廟，建國寺也在其列。慧雲無奈，在彌勒像前祈禱，彌勒像放出金光，照耀天地，遠近之人都來觀看，採訪使王志愔、賀蘭務都記錄下了這次祥瑞。這次祥瑞事件報到朝廷，剛好與唐睿宗晚上所做的夢相符，睿宗非常高興，覺得這個寺廟與自己有緣，就敕令以自己稱帝前所居的相王的「相」字來命名這個寺廟，於是建國寺就被改為了「大相國寺」。還派高僧真諦法師和朝中高官一起到相國寺賜予寺額。

慧雲在玄宗早期就已經去世，遺骨埋在開封城的東郊。活躍於玄宗時代的書法家李邕曾寫有《大相國寺碑》，提到唐代的大相國寺「雲廊八景，雨散四花，國土威神，塔廟崇麗，此其極也。」可見當時的大相國寺非常壯麗。李邕記載，當時大相國寺的上座僧是知隱，寺主是元深，都維那是智儼，都是當時的高僧。開元十四年（726），唐玄宗派人到于闐國摹畫毗沙門天王像，相國寺僧智儼請畫師將之畫在相國寺西庫的北壁上。當時相國寺還有吳道子所畫的文殊維摩像。

關於大相國寺的緣起，宋代劉道醇的《五代名畫補遺》說的更具體。劉道醇講，慧雲本是大梁安業寺僧人，在濮州報成寺摹寫彌勒像後，在安業寺鑄成金裝銅像，但慧云是外來的僧人，安業寺僧人不許他的銅像佔用寺院的殿堂，慧雲只好另建寺廟，結果在挖地基時挖出了古碑，證明此地為古建國寺。後來朝廷要拆毀沒有備案的建國寺，將這尊彌勒像移到安業寺去，豈料彌勒像白毫放光，直達天庭。為朝廷所知，睿宗才賜予名稱「大相國寺」，並敕令將安業寺併入大相國寺，建國寺原來的地方在宋代變成了藥師院。與慧雲同時代的李邕碑提到「（彌勒像）及逝將復舊，堅守常住。」講的就是彌勒像在建國寺要被拆毀，將被移往安業寺時，不肯移動，而是放光顯示祥瑞的事情。

唐代大相國寺非常壯麗，有所謂的「十絕」：（1）慧雲所造的彌勒像。（2）唐睿宗所題寫的寺額。（3）當時的名匠王溫重裝的善神一對（在三門下，估計是所謂的護法神像）。（4）吳道子所畫的文殊維摩像。（5）李秀在佛殿內所刻的「障日」十間。「障日」是遮蔽陽光的牆壁。（6）唐玄宗天寶四年，讓名匠邊思順所修建的排雲寶閣。（7）石抱玉所畫的護國除災變相。（8）西庫有從于闐國摹寫來的毗沙門天王像。（9）法華經二十八品變相。（10）西庫北壁有僧智儼所畫的「三世因果入道位次圖」。除此之外，相國寺內還有唐代稱為「塑聖」的楊惠之所塑的佛像。楊惠之是唐開元年間的人，與吳道子並為張僧繇的學生。吳道子先成名，楊惠之一看，自己畫畫比不上吳道子，就怒而毀掉筆硯，改學雕塑，與吳道子抗衡，最終被稱為「塑聖」。

如此規模的相國寺，不僅引起國內的關注，也影響到了海外。日本著名的入唐求法僧、日本真言宗的創始人空海，就曾經訪問過相國寺，並在那裏掛單居住。如今，日本有個「重走空海路」的活動，每年一次，都要到訪大相國寺。

## 相國寺放生池

　　總之，唐代的大相國寺，主要的建築有排雲閣，普滿塔也稱東塔，還有西塔，也就是建寺時所建的塔，山門、聖容殿（大佛殿）、僧房等，蔚為壯觀。如此規模的佛寺，也會被軍閥利用。《新唐書·劉玄佐傳》記錄了這麼一件事：

　　　　汴有相國寺，或傳佛軀汗流，玄佐自往大施金帛，於是將吏、
　　　　商賈奔走輸金錢，唯恐後。十日，玄佐敕止，籍所入得鉅萬，因以
　　　　瞻軍，其權詭類若此。〔註1〕

　　劉玄佐為了籌集軍費，想出了利用相國寺在當地人心中的威望，假託寺內佛像出汗，哄騙信眾捐錢，而信眾不辨真假，捐款唯恐落後，短短十日，劉玄佐就籌集軍費幾萬。軍閥利用是一回事，但能引起老百姓這麼瘋狂的捐錢，相國寺在當時的影響力可見一斑。

　　唐昭宗大順二年（891），相國寺失火，損毀比較嚴重。具體情況，《舊唐書·五行志》中有記載：

　　　　大順二年七月，汴州相國寺佛閣災。是日曉，微雨震電，寺僧
　　　　見赤塊在三門樓藤網中周繞一市而火作。良久，赤塊北飛越前殿，
　　　　飛入佛閣網中，如三門周繞轉而火作，如是三日不息，訖為灰燼。

<hr />

〔註 1〕（宋）歐陽修、宋祁等撰：《新唐書》第 19 冊，卷 214，北京：中華書局，1975年，第 6000 頁。

這裡面描述的情況，我們並不陌生，這種在夏天下雨時出現的火球，也叫「球形閃電」或「球形雷」，它會在雨天在地面附近遊走，幾分鐘內就會爆炸。書中說的球形雷先經過三門（即山門，大門，一般有三個門洞），但並未爆炸，但是已經引燃了大門的門樓，接著，火球飛到了排雲閣，在那裏爆炸，將排雲閣燒毀，大火燒了三天還沒有完全熄滅，《高僧傳》記載，當時相國寺被燒毀的排雲閣、文殊殿、僧房裏廊計四百餘間。從宋代人尚能看到唐睿宗題寫的寺額看，山門雖然著火，但損失不大。火災後，「寺眾惶惶，莫知投跡……，乃相率往今開寶（寺），堅請（貞）峻歸充本寺上座，前後數年，重新廊廡，殿宇增華。」可見，眾僧到開寶寺請貞峻法師到寺內充任上座，逐漸修復相國寺。

## 二、五代時期的相國寺

五代時期，隨著開封成為中國的首都，作為首都最有名的寺廟，大相國寺也進一步擴大。首先是排雲閣得到了修復。《北道刊誤志》記載：「寺舊有重閣，……唐大順初災，後唐長興二年（931）復修構。」《東京記》記載，周世宗柴榮顯德五年（958），相國寺僧人已經多的住不下了，只好在原來的菜園的地方建立下院，第二天賜名天壽寺，俗稱東相國寺，峨眉僧人茂正也在此建立觀音院。

五代時期，相國寺內高僧雲集。後梁時期有高僧歸嶼，《高僧傳》記載，歸嶼本是安徽壽春人，曾在洛陽學習經論十年，法華、維摩、大乘小乘都很精通，但尤為精通唯識與因明，可能是唯識宗的傳人之一。但還是覺得有些理論未能打通，就到開封大相國寺研修佛學。後梁的末代皇帝朱瑱原名朱友貞，是朱溫的兒子，本來沒有機會做皇帝，後來通過政變而得到皇位。他年輕時在大相國寺學習，與歸嶼關係很好。後來朱瑱繼承皇位後半年，就下詔請歸嶼，賜予他很多東西。雖然當時皇帝已經下令禁止天下再向皇帝求恩賜，朱瑱還是賜予歸嶼紫衣袈裟，並加封「演法大師」，用儀仗隊將紫衣送到相國寺，並將相國寺御容院改名長講院，並將當時閩國進貢的《金剛經》和三百匹絹賜予歸嶼。歸嶼一直活到後唐清泰三年（936），後唐滅亡也是這一年。

曾經恢復大相國寺的貞峻法師，是唐代著名道士張果的後代，他一直到後唐建立的第二年，即同光二年（924）才去世，期間可能一直住在相國寺。據《高僧傳》記載，貞峻主要是個律師，在唐代就開壇度僧三千多人。〔註2〕

<hr>

〔註2〕　（宋）贊寧：《高僧傳》，北京：中華書局，1987年8月，第401頁。

後唐時期相國寺高僧為貞誨，俗姓包，江蘇常熟人，唐昭宗天佑元年（904），來到大相國寺，講《法華經》，貞明二年（916），宋州大帥孔公奉其為師，在相國寺西塔院為建法華經堂。從其修《上生經》，希望往生到內院看，他是修彌勒法門的。貞誨到後唐末，也就是清泰二年（935）才圓寂。

後晉時期的高僧為遵誨。俗家姓李，安徽亳州人，後梁開平二年（908）到大相國寺藥師院，講習《法華經》。後晉天福二年（937），五臺山高僧繼顒大師到開封，為石敬瑭慶祝建國事宜，繼顒是當時著名的華嚴大師，遵誨就拜其為師，學習華嚴。後來繼顒離開，遵誨成為京師最有名的華嚴大師，他曾率四眾弟子在講經殿石壁上鐫刻《華嚴經》。後晉開運二年（945）七十一歲時去世，被朝廷封為「真行大師」。

五代之中，四代（後梁、後晉、後漢、後周）都以開封為首都，大相國寺作為首都最大的寺廟，近水樓臺，地位驟然提高，開始具有皇家寺廟的性質，表現在帝國的祈禱活動、君主的誕辰和忌日都在相國寺舉行法會。

### 相國寺大雄寶殿

史書記載，後晉皇帝石敬瑭曾於天福二年（937）到相國寺祈雪，天福八年（943）五月到相國寺祈雨。開運三年（946），晉出帝石重貴到相國寺祈雨。後漢乾祐元年（948），後漢皇帝劉知遠到相國寺祈雨。

梁太祖朱溫於開平二年（908），率領百官在相國寺擺宴，慶祝自己的生日。後周的建立者郭威於廣順三年（953），在相國寺設宴，慶祝自己的生日。

據熊伯履先生的研究，自唐代中葉起，在君主的忌日設齋飯，百官行香，已經成為「令式」。〔註3〕後晉天福年間，在皇帝的父親的忌日，百官到寺廟行香。這些皇家規格的待遇到了北宋被延續，並發揚光大。

## 三、宋代的大相國寺

儘管在五代時期相國寺已經取得皇家寺廟的待遇，但直到北宋，相國寺才發展到了頂峰。北宋定都開封一百六十多年，施行了開明的政治和經濟政策，科技發達，據專家估算，宋代的人居收入可能是中國封建王朝中最高的。優越的位置、政府的支持、百姓的富裕，是相國寺成為北宋最顯赫的寺廟的主要原因。

### （一）太祖時期的相國寺

宋太祖趙匡胤非常重視相國寺，建國後的第三年，（962），相國寺就發生了大火，太祖出資修繕了相國寺。《宋史·五行志》記載：「五月，京師相國寺火，燔（fan）舍數百區。」大火中，普滿塔受到損失，具體情況不詳。贊寧《高僧傳》記載：「今之殿宇皆大順年火災之後重建，宋太祖重修。」《事物紀原》卷七記載：「東塔曰普滿，……開寶六年（973）太祖修。」《續資治通鑑長編》卷14記載：「開寶六年春三月丙子，（宋太祖）幸相國寺觀新修普滿塔。」太祖修普滿塔，或許就是為了安放從洛陽請來的佛牙舍利子。

《釋氏稽古錄》卷四記載：「太祖迎洛陽唐高宗顯慶年間大沙門道宣律師天王太子所獻佛牙舍利於東京相國寺灌頂院。」這個佛牙舍利的來歷，需要交代一下。據《宋高僧傳》講道宣在長安西明寺時，有一次夜間行走，一腳踏空，卻沒有摔倒，發現一個少年扶住了他。道宣驚訝地問：「你是誰？怎麼半夜在院中？」少年回答：「我是毗沙門天王的兒子哪吒，已經護持你很久了。」道宣回答：「我這裡也沒有什麼事情，不必麻煩太子，西域那邊可有什麼東西可以作佛事？」哪吒回答：「我有佛牙和佛掌，願意獻給法師。」至於長安西明寺的佛牙舍利，怎麼會到了洛陽，史料沒有明確記錄，筆者估計和朱溫遷都洛陽有關。

大唐天佑元年（904），朱溫脅迫唐昭宗遷都洛陽，把長安宮殿扒掉，木材順渭河黃河流到洛陽，用來建設洛陽宮，作為長安著名的國寶，很可能是朱溫將之帶到了洛陽。

---

〔註3〕熊伯履：《相國寺考》，鄭州：中州古籍出版社，1985年5月，第33頁。

《續資治通鑑長編》卷十七記載，太祖時期，宋將曹翰攻打江州時，遭遇到激烈抵抗，經五個月才打下江州，殘忍的曹翰進行了屠城，搶掠的錦帛寶貨裝了一百多船，為了掩人耳目，就順帶掠奪了東林寺的五百羅漢，每船裝幾個羅漢，謊稱這五十艘船是用來運送東林寺的羅漢的，其實裏面主要裝的是財物。當時人稱這些羅漢為「押金綱羅漢」。李燾說這五百羅漢是先運送到了潁川：「歸至潁川新造佛舍。」然後才裝船運到開封的。

## （二）太宗時期的相國寺

太宗皇帝也很重視相國寺，他曾親自驗看相國寺佛牙舍利的真假。《釋氏稽古錄》卷四記載：「是帝（太宗）親以烈火鍛試，晶明堅固，光彩五色照人，帝制贊。」太宗晚年，也許是感到壽命不長，想建立功德，他下詔對相國寺進行大規模的修繕。《太宗皇帝實錄》卷 78 記載：「至道二年（996 年）五月壬寅，新作相國寺三門成，上（太宗）親書額，金填其字以賜之。」《玉海》卷 33 記載：「太宗筆法英異，學無不成，題相國寺及上清宮額，筆力精密，曉書法者皆歆（xin）服。」《事物紀原》卷七記載，當時太宗皇帝題寫的內容為「大相國寺」四個字。太宗皇帝的題額，成為宋代相國寺「十絕」之一。《甕牖閒評》卷六記載：

> 舊傳相國寺有十絕，余考《能改齋漫錄》所載：相國寺舊榜，太宗御書，此十絕之一也。又考《談叢》所載，相國寺樓門，唐人所造。木工喻浩曰，他皆可能，惟卷簷，近代木工不能及也。

《宋東京考》卷二十記載：「相國寺井有二，在聖容殿前東西，木工喻浩建有井亭，極其工巧，為相國寺十絕之一。」喻浩是北宋最著名的木工大師，曾著有《木經》三卷，曾主持建造開封開寶寺木塔。他終於太宗時代（989 年），顯然他是見過相國寺的唐代樓門的。

太宗對相國寺的修復規模很大。《玉海》記載：「至道元年五月重修大相國寺，廣殿庭門廊凡四百五十五區。」太宗可能對相國寺進行了擴建，徵用了功臣郭進的宅邸。《石林燕語》記載：「太平興國中，始別賜進宅，或以為因展修相國寺併入為寺基也。」

太宗時期相國寺的名僧有大名鼎鼎的贊寧法師，他是《宋高僧傳》的作者，給佛教研究留下了寶貴的資料。他原本是北方渤海人，五代時期在杭州出家，學習律典，被時人稱為「律虎」，深得吳越國王錢弘俶的賞識，被封為兩浙僧統。公元 978 年，吳越王向北宋投降，贊寧也隨之到了開封，奉詔編修《高僧

傳》，最初被封為左街講經首坐。《佛祖統記》卷44記載：「左街相國寺，右街開寶寺。」可見贊寧在相國寺當過「講經首坐」。《六一詩話》記載：「吳僧贊寧，國初為僧錄，頗讀書，博覽強記，亦自能撰述，而辭辯縱橫，人莫能曲。」可見，贊寧的口才也非常好。

宋太宗時期，大相國寺內有當時的名畫家高益所畫的阿育王變相（變相即故事畫）。高益本是北方涿郡人，後來到開封賣藥，有人買其藥時，他就把自己的畫送人。有個叫孫皓的人，是太宗的親戚，他得到高益的《鬼神搜山圖》，感歎不已，就將該畫送到太宗那裏，太宗看了也覺得驚異，就將高益招進了畫院。皇帝敕令高益到相國寺畫阿育王變相，後來太宗到相國寺，看到壁畫後，問高益是不是見過打仗？可見高益所畫非常有氣勢。《聖朝名畫評》介紹，「高益尤其精於鬼神，其意思無窮，如書夜然，曾畫相國寺壁，至今稱絕。」

孫皓是高益的伯樂，高益則是燕文貴的伯樂。燕文貴是江南吳興人，擅長畫山水畫，最初在開封賣畫，被高益發現後，購買了幾幅送於太宗，太宗招入圖畫院。高益在奉詔于相國寺作畫時，向太宗說：「臣奉詔畫相國寺壁，其間樹石，非文貴不能成也。」可見對其評價很高。

太宗朝還有名畫師高文進，曾在相國寺作畫。高文進本是四川人，北宋攻佔後蜀後，他作為俘虜被押到開封，後被太宗看中，進入畫院。太宗重修相國寺時，高益已經去世，太宗就問畫師們誰能臨摹高益的壁畫？高文進應聲而答：「臣雖不及，請以蠟紙模其筆法後移於壁，毫髮較益當無差矣！」其自信如此。文進摹寫高益的畫，時人評論盡得高益之骨氣。後來，高文進又在相國寺後門牆壁上畫文殊普賢像，在大殿後面畫毗沙門天王像，都是當時的名畫。

高文進向太宗舉薦了民間畫家王道真，四川成都人。有一次太宗問文進，民間還有像你這樣的畫家嗎？文進回答，王道真的水平，還在我之上。於是太宗將王道真招入畫院，讓他和高文進一起到相國寺摹寫高益的壁畫。《圖畫見聞志》卷三記載，王道真曾在相國寺大殿內東側畫有「給孤獨長者買祇陀太子園」變相，這是講古印度人為佛陀捐獻第一座寺舍的故事。還在大殿內西側畫有寶誌化身十二面觀音的變相。

宋代太宗朝時期畫家雲集，給相國寺留下了諸多名畫，相國寺的壁畫不僅在國內享有盛譽，名聲還傳到了海外，高麗國就曾專門派使者到相國寺臨摹壁畫。《圖畫見聞志》卷六記載：「高麗國敦尚文雅，漸染華風……，熙寧甲寅歲（1074），遣使金良鑒入貢，訪求中國圖畫，銳意購求……，丙辰冬（1076），

復遣崔思訓入貢，因將帶畫工數人，奏請模寫相國寺壁畫歸，國詔許之，於是盡模之持歸。」

大雄寶殿近景

## （三）真宗時代的相國寺

太宗晚年進行的規模很大的修復活動，在太宗生年並未完成，宋真宗繼承父親的遺志，將工程完工。宋白的《大相國寺碑銘》記載：

唯相國寺敕建三門，御書賜額，余未成就，我當修之。乃宣內臣，飭大匠，百工鱗至，眾材山積，岳立正殿，翼飛長廊。左鐘曰樓，右經曰藏。拔層閣，北通便門。廣庭之內，花木羅生，中廡（wu：房屋周圍的走廊）之外，僧居鱗次。大殿晬（zui：潤澤）容，即慧雲師所鑄彌勒瑞象也。前樓眾聖，即潁川郡所迎五百羅漢也。

可見宋真宗時期，大相國寺山門進去的第一個大殿（前樓）裏，安放的是五百羅漢，再往裏走，一邊是鐘樓，一邊是藏經閣，當時還沒有現在所謂的鼓樓，藏經閣是在前面的。中央是聖容殿（彌勒大佛殿），最後是資聖閣（即唐代的排雲閣）。這個工程於咸平四年（1001）完工，《北道刊誤志》記載，宋真宗咸平五年（1002）將排雲閣改名資聖閣。真宗敕令宋白題寫的碑文，石碑直到明代才遺失。

相國寺後門東西二壁畫有文殊普賢像。《聖朝名畫評》卷一記載：「高文進自畫後門裏東西二壁五臺峨眉文殊普賢變相及後門西壁神。」真宗時期的梅堯臣都還在相國寺見過吳道子的畫和楊惠之的雕塑：

> 吳畫與楊塑，在昔成絕倫。深殿留舊跡，鮮逢真賞人。一見如宿遇，舉袂自拂塵。金碧發光彩，物象生精神。歲月雖已深，奇妙不愧新。（梅堯臣《宛陵集》）

可見雖然歷經火災，這兩處唐代的遺跡還是保留了下來。宋真宗時代，相國寺門前還修建有著名的延安橋。《玉海》卷 127 記載：「五年（祥符五年，即 1012 年）九月七日，車架臨視新作延安橋，先是七月戊辰從汴河廣濟橋于相國寺前，牓（bang，牌子）曰延安。」《東京夢華錄》記載，此橋低平，不通舟船，只供行人通過。其位置，就在相國寺東南馬道街南口，清代就已經不存。宋真宗還曾迎請相國寺佛牙舍利。《佛祖統記》卷 45 記載：「真宗嘗迎供開寶寺靈感塔下，瞻拜之夕，神光洞發，遂制偈贊。」

宋代相國寺可能有武僧。宋真宗時代，相國寺有僧法仙，擅長設計兵器。《續資治通鑑長編》卷 47 記載：「真宗咸平三年（1000）九月辛丑，相國寺僧法仙獻鐵輪鈇，渾重三十三斤，首尾有刃，為馬上格戰具。」法仙能揮動三十三斤的重型兵器，而且是馬上用的長桿兵器，說明他是經常習武的。

真宗時代，相國寺還有一位著名的醫僧。《能改齋漫錄》卷十記載：「僧海淵，蜀人也，工針砭。天禧中入吳楚，遊京師，寓相國寺，中書令張士遜疾，國醫拱手，（海淵）一針而愈，由是知名。」

## （四）仁宗時代的相國寺

宋仁宗對相國寺的發展也有推動。仁宗時期，大相國寺先是增加了個針灸圖石壁堂。《玉海》卷 63 記載：「天聖五年（1027）十月壬辰，醫官院上所鑄腧（shu，穴位）穴銅人式二，詔一置醫官院，一置大相國寺仁濟殿（注：當時還不叫仁濟殿）。」《東京記》記載：「仁濟殿，天聖八年建（1030）。」可見當仁宗下詔將銅人賜予大相國寺時，大相國寺還沒有建專門的殿來存放天子的賜物，為了存放御賜的銅人，才專門建造了針灸圖石壁堂，後來仁宗賜名仁濟殿。

《玉海》卷 34 還記載：

> 慶曆元年（1041）八月甲申，上謂輔臣曰：「近創一小殿禁中，而有司過為侈麗，不欲毀其成功，今大相國寺方營殿藏太宗親書寺額，可遷置之。」……二年正月辛未，詔以大相國寺新修太宗御書

殿為寶奎殿，摹太宗御書寺額於石，上飛白書記。……二月庚寅，又以針灸圖石壁堂為仁濟殿。

可見，寶奎殿的緣起，是仁宗本來準備在宮中建一個小殿，但有諫官認為過於奢華，於是太宗就將這批材料交給相國寺，讓相國寺為大宗皇帝建御書殿，第二年大殿建成，仁宗命名為寶奎殿。

《佛祖統記》卷45記載：「慶曆三年（1043）六月久旱，詔迎相國寺佛牙入內殿躬禱……，作金殿四門以象天宮，用以奉藏，複製發願文以見歸敬。……」仁宗為了求雨，在宮殿內製作金殿，迎請相國寺的佛舍利，供養時間是一個月。

宋仁宗時代，相國寺有僧惟儼很有才華。歐陽修記載，當時的文學家、書法家石延年（字曼卿，994～1041）和惟儼關係最好。惟儼不出相國寺十五年，各地的才俊都願意和惟儼交流，所以雖足不出戶，天下大事他都知道，「聽其言百日不厭。」

宋英宗由於執政時間僅有四年就去世了，所以他與相國寺交涉不多，但還是敕令大相國寺建造御製佛牙贊碑，敘述佛牙來歷，紀念太宗、真宗、仁宗三代皇帝為佛牙所寫的讚頌。

英宗治平年間，由於汴河漲水，相國寺被淹，四周圍牆都坍塌殆盡。災後進行了重建，英宗也讓御用畫師去相國寺幫助恢復壁畫。

## （五）神宗時代的相國寺

宋神宗時期，相國寺達到了全盛時代，僧人眾多，光僧人的住宅就有六十多個院子，各個院內都生火做飯，火災隱患很大。有司給皇帝請示，合併僧院，《佛祖統記》卷45記載：「元豐五年（1082），詔相國寺劈六十四院為八禪二律，以東西序為慧林、智海二巨剎。」諸院的名字，東邊有寶嚴、寶梵、寶覺、慧林等；西邊有定慈、廣慈、普慈、智海等。以慧林院和智海院最大，都是禪宗的寺院。據熊伯履的考證，慧林院就是後來所稱的鐵佛寺，後來單獨成為一寺院，位於今開封馬道街東，鐵佛寺街北。〔註4〕

神宗皇帝對禪宗非常支持，他詔請杭州淨慈禪寺宗本禪師住相國寺慧林院，詔請江西廬山東林禪師常總住智海院，但常總沒有應詔。宗本法師是無錫人，為禪宗雲門宗的弟子，兼修淨土。原來在蘇杭一帶活動，後來應詔到相國

〔註4〕熊伯履：《相國寺考》，鄭州：中州古籍出版社，1985年5月，第57頁。

寺住持慧林院。《佛祖統記》記載，宗本曾到延和殿見神宗皇帝，走後神宗皇帝稱讚說「僧中寶也」。

　　神宗時代，相國寺還有一位擅長外交的僧人智緣。《宋史·方使傳》記載：「僧智緣，隨州人，善醫。嘉祐初（1056）召至京師，舍於相國寺，每察脈，知人貴賤福禍休咎，所言若神，士大夫爭造之……。熙寧中（1068～1077），王韶謀取青唐，上言蕃族重僧，而僧結吳叱臘主部帳甚眾，請智緣與俱至邊。神宗召見，賜白金，遣乘傳而西，遂稱經略大師。智緣有辯口，入蕃中說吳叱臘歸化，而他族俞龍、珂禹、藏訥令支等，皆因之書款。」可見，由於智緣法師的外交努力，在西北頗有勢力的藏族吳叱臘部歸順了北宋，其他幾個部落也與北宋結成了同盟。

　　《宋朝會要》講，宋哲宗元祐元年（1086），僧中憋（min）修復了西塔，起名廣願塔，建於智海院。據沈括《夢溪筆談》講：「此（相國寺）有一佛牙甚異，……有詔留大相國寺，創造木浮圖以藏之，今相國寺西塔是也。」可見，中憋是奉詔修建的廣願塔，該塔為宋代的木塔，用來安放佛牙舍利，可能是將原放在普滿塔的佛牙舍利轉放到廣願木塔。

**徐蘋芳繪《北宋大相國寺平面復原圖說》**

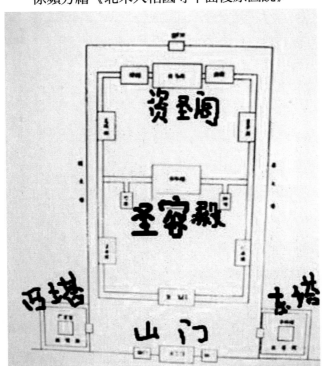

　　左圖是徐蘋芳所繪的北宋大相國寺的平面圖。從上面的介紹可知，山門兩側是兩個塔院，西塔院也稱智海院，東塔院就是慧林院。中間是聖容殿（大佛殿），聖容殿兩側就是仁濟殿和寶奎殿，前者俗稱針灸圖石壁堂，後者也稱御書殿。最後的就是資聖閣，唐代時稱為排雲寶閣。僧舍可能就圍繞在寺院四周，圖中沒有標明。

　　宋徽宗前期，對佛教也有崇信，曾迎請大相國寺佛牙舍利入宮。《佛祖統記》卷46記載：「尊奉三年（1104），（徽宗）敕迎相國寺三朝御贊釋迦佛牙入內供養。」後來徽宗崇信道士林靈素，排斥佛教徒，斥佛教為「金狄之教」。宣和元年（1119），宣布改佛為大覺金仙；餘為仙人大士；僧為德士，稱姓氏；改寺為宮，院為觀；尼為女德。《能改齋漫錄》卷十三記載：「大相國寺舊牓，太宗御書，寺十絕之一。政和中，改為宮，御書賜額。舊牓遂為高麗使者乞歸。」太宗御書的寺額，就被轉到高麗（今韓國）去了。

　　總之，北宋時期，歷代君主都給予了相國寺國寺的地位，當時民間也稱相國寺為「皇家寺」。據熊伯履先生統計，至今保留的北宋皇帝到相國寺巡幸記錄的次數為四十六次，〔註5〕限於篇幅不一一列舉。至於求雨、祈福、典禮有記載的有十九次，這還是保留下記錄的數字，實際次數會更多。君王的生日、忌日、生病也在相國寺舉行法會。

## （六）相國寺題名

　　唐代時期，新科進士們在慈恩寺大雁塔上題名，史稱「雁塔題名」，成為美談。北宋定都開封後，北宋的進士們也仿傚唐代的做法，去寺院題名。《緯略》卷五記載：「進士既捷，列名於寺，謂之題名。本朝進士題名，皆刻石于相國、興國兩寺，蓋效慈恩也。」可見相國寺是進士們題名的兩個寺廟之一。據《北道刊誤記》記載：「東南隅普滿塔，塔旁羅漢院，有桂籍堂。按新賜第進士多集於此，揭碑以刻御書，並題名云云。」可見，相國寺題名的地點在東塔園桂籍堂。

## （七）相國寺的廟會

　　相國寺既受到政府的充分重視於與支持，上行下效，使得相國寺的廟會非常受人矚目。《醉翁談錄》卷四記載：

　　　　浴佛之日，僧尼道流雲集，相國寺是會獨甚，常年平明，合都

〔註5〕《相國寺考》第81頁。

士庶婦女騈集，四方挈老扶幼交觀者，莫不蔬素。……良久，吹螺擊鼓，燈燭相映，羅列香花，迎擁一佛子，外飾以金，一手指天，一手指地，……或見佛子於盤中周行七步，觀者愕然，……既而揭去紫幕，則見九龍飾以金寶，間以五彩，從高噴水，水入盤中，香氣襲人。須臾，盤盈水止，大德僧以次舉長柄金勺，把水灌浴佛子。

浴佛節是紀念佛祖出生的節日。據說釋迦佛一出生就會走路說話，他向前走了七步，腳下步步生蓮花，一手指天，一手指地，說：「天上地下，唯我獨尊！」然後有九條龍現身，往他身上噴水，沖洗身體。相國寺的釋迦佛像也能向前走七步，可見當時的機械水平很高。

由于相國寺是國寺，經常舉行廟會，故而在相國寺內外，形成了頗為繁榮的貿易市場。《東京夢華錄》卷三記載，相國寺一個月開放五次，讓百姓從事貿易。大門外是動物專區，大多售賣飛禽走獸，無所不有；進去大門的前庭則賣生活用品，如各種食品、席子、屏風、刀劍以及洗漱用品。大佛殿旁賣蜜煎；左右兩廊是賣文房用品，如周文秀筆和潘谷墨，還有賣婦女的繡品、花朵、珠翠、抹額等，也有賣男人用的帽子衣服等；資聖殿門前則賣古玩書畫藥品等。

試舉一兩例說之。《桯史》卷 11 記載，黃庭堅被貶到貴州，有人送給他了一個屏風，上面畫的是兩支蝴蝶翩翩飛舞，卻不幸撞到了蜘蛛網上，蜘蛛把蝴蝶吃掉，蝴蝶的翅膀掉在地上，一對螞蟻抬著翅膀蟻巢。黃庭堅就在屏風上寫了一首詩：「蝴蝶雙飛得意，偶然斃命網羅。群蟻爭收墜翼，策勳歸去南柯。」把陷害他的蔡京比作螞蟻。後來黃庭堅又到別處做官，屏風被商人轉到了開封，在大相國寺售賣，蔡京的人就將之買走，讓蔡京看。蔡京大怒，再次陷害黃庭堅。貴州的屏風都被商人轉運到開封相國寺，可見相國寺市場的貨源十分廣泛。

《鐵圍山叢談》卷三記載，宋徽宗有一陣子老是做夢，有一天就讓一個直省官拿著自己的生辰八字去相國寺算命。直省官到了相國寺後，見到了一個衣衫襤褸的算命者，自稱是浙江人，名叫陳彥。直省官就把徽宗的八字給他看，說是自己的八字。結果陳彥一看，告訴他，這不是你的命，這是天子的命。直省官非常驚訝，回去告訴徽宗，徽宗默默不語。皇帝都想到相國寺算命，可見相國寺附近的算命師非常有名。

相國寺在宋代既有如此影響，與國外進行的文化交流就很多。《宋史》卷490 介紹，宋太祖乾德三年（965）5 月，于闐僧善名和善法來朝拜太祖，太祖

賜予紫衣袈裟。于闐國的宰相也致書樞密使李崇矩，要求與北宋加強聯繫。于闐國為何如此熱情？原因是當時于闐國當時正遭到信奉伊斯蘭教的喀喇汗王朝的進攻，已經處於劣勢。派僧人前來探路，估計是查看北宋的實力，于闐宰相給掌兵的樞密使寫信，而不是給掌握行政權的宰相寫信，原因就在於他寫信的目的是搬救兵，而不是如《宋史》所說的「求通中國」。當年冬天，沙門道圓從西域歸國，經過于闐，于闐國派使者跟隨一起到開封進貢，目的也是求救兵。第二年（966），于闐王又派其子「德」到開封進貢，規格進一步提高。開寶二年（969）年，再次派遣一個叫做直末山的來開封進貢，目的還是求救兵。這些使者常隨有外國的僧人，外國僧人來到開封，極有可能就被安排到相國寺居住，以下例子可以證明：

開寶八年（975）冬，有一個叫做曼殊室利的印度王子，出家後隨著中國僧人來到開封，趙匡胤將他安排到相國寺居住。由於他持律嚴謹，贏得了很多信眾，大家給他捐獻的東西很多，這引起了僧人的妒忌，就欺負他不會說漢語，為他製作了一個假的請辭歸國的上書，皇帝就批准了。等皇帝的詔書下來後，曼殊室利才不得已而憤憤離去。

### （八）開封陷落時期的相國寺

1127 年，金兵南下進行北宋的首都開封。此時的相國寺，正如熊伯履先生總結的那樣：「始則為招募義勇兵準備抗敵的場所，繼則為難民們臨時避難的場所，在被金人攻陷以後，復成為難民們會商收贖被擄去家口的場所，最後又為難民們買廉價米糧度命和求佛保佑的場所。」〔註6〕當然，相國寺作為北宋夢幻都城開封的標誌性建築，也是北宋遺民們和南渡的君臣們無比還念的地方。

## 四、金代的相國寺

金代定都燕京，即今北京。由於失去了首都的地位，相國寺曾一度衰落。

宋孝宗乾道五年（1169），南宋侍者汪大猷使金，隨行的樓鑰在《玫瑰集》卷 111 中記載：「十二月九日庚寅，入東京城，改曰南京，……相國寺如故，每月亦以三八日開寺，兩塔相對。」范成大也出使過金國，到過開封，他的《攬轡（pei）錄》記載：「過大相國寺，傾簷缺吻，無復舊觀。」並在《石湖居士

---

〔註6〕《相國寺考》105 頁。

詩集》卷十二中留有《詠相國寺》的詩：「傾簷缺吻獲奎文，金碧浮圖暗古塵；聞說今朝恰開寺，羊裘狼帽趁時新。」並記載說：「寺中雜貨，皆胡俗所需而已。」《續夷堅志》記載，金世宗大定初年（1161），有一些潑皮計劃焚毀相國寺山門，沒有成功。可見，金國前期，相國寺山門仍在，雙塔依然聳立，只是年久失修，傾簷缺吻，呈現衰敗之相。貿易市場仍然存在，只是原來貨源廣進的市場，現在只是賣些胡人用的雜貨而已，縮小了不少。

金國後期，金宣宗才於貞佑二年（1214）遷都開封，稱為南京，雖然前後僅僅二十年就亡國了，但卻給了相國寺一次發展的機會。據《金史·五行志》記載，金宣宗興定五年（1221）11月壬寅，京師相國寺失火，損失嚴重。隨即進行了重建。周密的《癸辛雜識別集》卷上《汴梁雜事》一章記載：「聞汴有大殿九間者五，相國、太乙、景德、五獄，盡雕鏤窮極華奢，雕像皆大金時所作。」可見，金國時代，相國寺至少增添了不少佛像。

隨著皇室貴族的入住，開封又開始繁榮起來。《歸潛志》卷七記載，開封城「南渡之後繁盛益增」。鄒伸之《使燕日錄》記載：「往時每月八次開寺，聽商賈貿易。」可見，北宋時每月五次開寺已經改為每月開寺八次。

金末相國寺資聖閣仍然雄偉。《中州集》卷十記載有金末李獻甫的《資聖閣登眺同麻杜諸人賦》詩歌一首：「高閣凌雲眼界寬，野煙碧樹有無閒；天邊孤雁飛不盡，陌上行人殊未還。魏國幾回時事改，汴堤千古夕陽閒；愁來重倚欄杆望，崧少西頭是故山。」李獻甫是忠於金國的，是金朝末年的進士。當時曾經強盛的大金國已經被蒙古打擊的只剩下河南陝西這小片國土，他登上資聖閣，憑欄慨歎，並不是為宋朝江山的失去，而是為金朝山河被蒙古侵佔，國家已經進入窮途末路的感傷。李獻甫最後跟隨金哀宗逃到蔡州，蔡州城陷時被殺，也算是為國捐軀。

## 五、元代的相國寺

從 1232 年夏開始，蒙古人開始攻打開封城，第二年二月，金哀宗帶人逃到蔡州，計劃奪取南宋的四川，開封由崔立留守，崔立在抵抗數月後投降。蒙古軍隊對河南的洛陽開封商丘等城市進行了屠殺和掠奪之後離開，放出空城引誘南宋進軍，由於洛陽是宋朝的西京，開封是北宋的首都，商丘是北宋的南京，所以宋理宗端平元年（1234），南宋派兵進駐了三京。但進城後才發現洛陽只剩下了三百多戶，開封城的情況，周密的《齊東野語》卷五記載：「（宋軍

入城時），行省李伯淵……乃殺所立大王崔立，率父老出迎。見兵六七百人，荊棘遺骸，交午道路，止存民居千餘家，故宮及相國寺佛閣不動而已。」和洛陽的情況差不多，開封在蒙古攻城時還有一百四十七萬人，現在只剩下了一千餘家，可見蒙古人對河南破壞的嚴重程度。

### 八角殿（五百羅漢殿）

蒙古攻城時使用了火器，相國寺的山門，可能就在這個時候被焚毀。鄒伸之在戰後進入開封，看到的情況是：「寺門成劫灰，止存佛殿一區，高廣異常，朱碧間錯，吳蜀精藍所未有。後一閣參云，凡三級，榜曰資聖之閣，上有銅羅漢五百尊。其寺舊包十院，今存其八，右偏定慈、廣慈、善慈律院三，智海院一；東偏寶梵、寶嚴、寶覺、律院三，慧林禪院一。」（《使燕日錄》）可見，元初相國寺山門雖然被毀，但聖容殿和資聖閣仍在，還有八個院，六律二禪。

大約在忽必烈時代，朝廷下令，對相國寺的山門進行修復。元初王惲的《秋澗集》卷70有一名為《汴梁路大相國寺化工疏》，文中記載：「汴梁路大相國

寺住持僧柴某，欽奉聖旨，修葺前殿，所有化緣疏文，合行開具者。……顧二三之殘僧，將修完而何力，辛蒙睿眷，尚賴人謀。」可見當時相國寺只留下二三名僧人，朝廷雖然詔令修葺，卻沒有劃撥銀兩，只是給開具化緣的憑證，讓僧人自己想辦法，景象淒慘。這當然與當時元代定都大都，開封失去了政治地位有關。但不管怎麼說，開封在元代還是河南江北行省的省會，所以儘管比不上宋金兩代，但還是區域性的政治中心，在地方官員的支持下，相國寺在元代還是逐漸恢復了元氣。陳孚《等相國寺資聖閣》詩：「大相國閣天下雄，天梯縹緲凌虛空。三千歌吹燈火上，五百纓縵煙雲中。洛汭已掩西墜日，漢津空送南飛鴻。闌干倚遍忽歸去，颯颯兩鬢生秋風。」大相國寺的資聖閣是天下雄偉的建築，站在樓頂，猶如登上了天梯，在半空中一樣，萬家燈火的傍晚，相國寺的梵曲嘹亮，旗幡招展，太陽落下了，天氣變冷了，我離開資聖閣，秋風蕭瑟，讓人覺得寒冷。陳孚是在大約 1292 年路過開封的，從陳孚的詩句看，元代中期，相國寺資聖閣還很雄偉。

　　元朝末年曾任參知政事、御史中丞、河南行省左丞的許有壬，留下《登相國寺資聖閣》一詩：「傑閣當年瑞靄氳，亂餘金碧半塵昏。豈知象教移中土，猶揭雄名護國門。法界冷沉梁苑月，寶香難返汝陽魂。傷心五嶺騰煙語，舉世從風莫與論。」資聖閣當年瑞氣環繞，金碧輝煌，現在卻蒙上了灰塵，自從佛教進入中國，就擔當起護衛國家的職責，而今卻似乎無能為力。我行香求請護佑國家，卻難以讓國家再次返魂。全國到處起義讓人傷心，人民爭相跟從有什麼辦法？許有壬寫這首詩的時間是 1353 年，天下大亂，元帝國朝不保夕，作為高級官員的許有壬，是不願意看到元朝敗亡的，他去相國寺行香，請求佛祖保佑，但也清楚地看到，佛祖也保佑不了，還能有什麼辦法呢？

## 六、明代的相國寺

　　元末農民大起義，義軍與元軍反覆爭奪開封城，相國寺遭到重大損失，《宋相國寺考》記載，相國寺在元末的戰亂中被毀，其毀壞程度，據清代周城《宋東京考》卷十四記載：「累經黃河入城，廊廡僧舍，多被淹塌，所存者唯聖容殿結構奇絕，蓋舊殿也。」可見只剩下聖容殿還在了。

　　明代開封既不是首都，也失去了陪都地位，這直接導致了僧人素質的下降。明初人瞿佑《歸田詩話》中記載：「汴梁相國寺，暇時予與黃體過焉，將謂有南方花木之勝，香茗之供，而鄙陋殊甚，僧皆氈帽皮靴，髮長過寸，言貌

粗俗，體方呼為惡僧，口占云：步入空門見惡僧，紅氈被體髮蓬鬆。予續之曰：一言能得君王意，安得當年老贊寧。」瞿佑和黃體以為相國寺是個雅致的去處，想去相國寺欣賞南方的花木，品嘗香茶。沒想到到了相國寺後，卻看到僧人頭戴氈帽，腳蹬皮靴，頭髮蓬鬆，言語粗魯。黃體直接稱之為惡僧，瞿佑則感歎相國寺再也沒有像宋代贊寧那樣能夠在皇帝前面論道的高僧了。按照戒律，僧人是不該穿戴用動物皮毛製作的衣帽靴子的，從瞿佑的記錄來看，明初相國寺僧人素質確實是比較低的。

清代周城的《宋東京考》卷十四記載：「明洪武初重修，置僧綱司於內，而並南北大黃、景福三寺入焉。成化二十年（1484）改寺額為崇法禪寺。」熊伯履先生考證，南大黃寺、北大黃寺、景福寺都位於開封城東北。明代朱元璋時期，對開封非常重視，曾一度設開封為北京，因而對於開封城內最大的相國寺也很重視，建國後馬上對相國寺進行了修復，把僧綱司設在相國寺，這是管理全省佛教寺廟的機構，類似於現在的省佛教協會，並讓相國寺代為管理大黃與景福三個寺廟。

《如夢錄‧街市記》記載相國寺：

> 山門五間，三空六開，兩稍間四金剛，前有石獅一對，閃牆，匾書大相國寺……山門東西兩石塔，各高三丈餘。二門五間，內坐四天王。大殿地基大六畝三分，純木攢成，不用磚灰，九明十一暗，四六槅扇，上蓋一片琉璃瓦，脊高五尺，獸高丈許，銅寶瓶高大無比，匾曰聖容殿，元時不花丞相親筆。左右兩配殿，左有伽藍殿，右有香積廚，鐘樓內懸大銅鐘一顆，霜天聲聞最遠，所謂「相國霜鐘」，汴梁八景之一也。……殿內有碑一通，上刻張平山畫布袋佛，背面觀音菩薩，具李夢陽題贊，左國璣書，稱為「中州三傑」。後有傑閣三間，高四丈，周王所建，上坐大慈悲菩薩，西側立楊和夫婦，即俗所謂相老相婆也。後有地藏王殿五間。再後俱是僧居前後約二三百家。每日寺中有說書、算卦、相面，百藝逞能，亦有賣吃食等項。

從中我們可以知道，從唐代一直延續到元代時期的資聖閣到明代時期已經不存在了，周王在其廢墟上建起三間四丈的藏經閣，重建的時間據劉昌《重修相國寺碑記》記載是嘉靖丁酉（1537）年，規模還不及其後的五間地藏殿。聖容殿還在，裏面石碑上有張平山畫的大肚彌勒像，有李夢陽的題贊，左國璣

的書法，並稱「中州三傑」。聖容殿左側是伽藍殿，右側是香積廚。從文中介紹我們大致可以勾畫出明代時相國寺的基本結構：山門（內有四大金剛）──二門（內有四大天王，即天王殿）──聖容殿（左右為伽藍殿和香積廚）──藏經閣（內供奉觀音菩薩）──地藏殿（內供地藏菩薩和十殿閻羅）──僧舍（二三百家）。宋金時期每月開寺五次或八次，明代時則每天都開寺，裏面「百藝逞能」，是開封城的繁華之地。

　　至於文中所提到的楊和夫婦，卻是明朝民間對相國寺起源的一種「演繹」。由於明人不重視考據，所以民間對于相國寺的真實起源，已經不是很清楚，就認為相國寺是唐太宗建造的。原因是唐太宗帶兵打到開封，晚上做了一個夢，夢見自己被無常鬼勾到了地獄中，閻王向其索賄，太宗身上卻沒有帶銀兩，這時閻王提出，陽間的楊和夫婦經常燒紙錢，在地府存款三萬，如果李世民打下字據借用，就可以把李世民放回陽間。李世民無奈，只好立下字據，這才返回陽間。夢醒之後，李世民覺得如同真事一般，不敢怠慢，命人尋找楊和夫婦，發現兩人以相面為生，就決意還其三萬白銀，然而楊和夫婦執意不要，李世民無奈，就用這三萬兩白銀建造了相國寺，作為楊和夫婦的功德。這當然是民間的一種傳說，不是歷史真實，但老百姓信以為真，就將楊和夫婦的相塑到了觀音旁邊。

　　明代開封是河南布政司衙門所在地，也就是河南省的省會，並且也是周王建府所在，故而雖不及京師繁華，在地方仍為巨埠，其所轄的朱仙鎮在明代與漢口、景德鎮、佛山並稱為全國四大名鎮，足見其繁華，尤其明代享國二百多年，政局穩定，這給相國寺的平穩發展帶來益處。

　　明末人劉昌的《重修相國寺碑記》，回憶明代相國寺的盛況：「余因憶茲寺全盛時，燈燭之焰，上達層宵；鐘梵之音，遠聞數里；黃幡丹幢，臂繫而首載。香櫻寶珞，榖（gu）擊而肩摩。此皆余之所及見聞者，不旋踵而感慨繫之。」傍晚相國寺的燈火，懸在半空中，鐘聲傳出數里遠，明代相國寺的繁華，可見一斑。

　　孫退谷的《庚子銷夏記》卷八記載：「吳道子《地藏變相圖》，在相國寺，予為令時，曾向寺僧借至署中。」這個記載可能有誤，吳道子所畫的是《地獄變相圖》，不是《地藏變相圖》，況且吳道子所畫是壁畫，而明代傳說是吳道子的卻好像是紙畫，可以從寺院借到衙門裏。

相國寺藏經樓

明代中期，相國寺損失碑石很多，開封人李濂所著的《汴京遺跡志》卷十記載：「余少年時嘗讀書相國寺僧舍中，見大殿前有古碑二十餘，多可觀者。今四十餘年矣，昨偶至寺遊覽，止見三二碑，剝落漫漶，皆不可誦，餘不知所在。」

明末農民大起義，李自成帶兵攻打開封，在崇禎十五年（1642）九月十七日，掘開黃河大堤，引黃河水灌開封。《守汴日誌》記載：「滿城俱成河漢，止存鐘鼓兩樓及各王府屋脊、相國寺寺頂、周府紫金城。」《汴圍濕襟錄》卷下記載：「難後入冊領賑者，不足十萬。」開封全城包括相國寺在內，都被淤泥埋沒，成為廢墟。

## 七、清代的相國寺

明末水災後相國寺的狀況，王澐曾於 1655 年正月從南京到北京，經過開封，他的《漫遊記略·燕遊》記載：「南至相國寺，大殿簷溜當胸，釋迦巨像，裁露肩肘。」王士禎《秦蜀驛程後記》記載：「相國寺以崇禎壬午年沒於水，僅露殿脊丈餘。」順治十六年（1659）開封知府錢綸的《遊相國寺有感》：「古寺雖經廢，殘基歷歷明，沙痕侵梵座，苔色接孤城。衣狗渾成夢，滄桑類轉萍。偶來憑眺者，惆悵不勝情。」

錢綸是開封知府，他的感慨很快就得到了河南巡撫賈漢復的重視，賈漢復當時的省府衙門因開封城成廢墟而不得不暫時遷到杞縣，這時正準備遷回開

封，省府是省內首善之地，大相國寺作為開封城著名的文化景觀，不能任其荒蕪。於是他捐出自己的俸祿千金，號召大家募捐，並得到了左布政使徐化成、驛糧道胡士梅、司空劉昌的協助。這次修復，開始於順治辛丑年（1661）七月，結束於九月。修復的內容，據釋真詮《東京志略稿本》卷八記載：「先修整大雄殿，天王殿，山門三進，並放生堂，兩禪堂。」可見，相國寺的中央大殿是到清代才改稱大雄寶殿的，以前都叫「聖容殿」。修復工程尚未完工，賈漢復就轉任陝西巡撫。順治年間的這次修復，本著節儉的原則儘量利用原來的材料，完成更多的工程。

康熙年間相國寺也有修復。《相國寺重建藏經閣募疏》記載：「規模略備，已具莊嚴。……寺之昔日，舊有藏經，蹀以金題，庋（gui）之傑閣。乃今斯至，猶未復焉。撫軍大中丞郎公，……欲還其舊。會方伯徐公……已於江寧，先請藏經全部。」康熙十年（1671），布政使徐化成從南京請來一部《大藏經》，與河南巡撫郎廷相復建相國寺藏經樓。繼任河南巡撫的董國興，在其任中（1677～1682），也修復了中殿兩邊的走廊。

康熙早期的修葺，到乾隆三十一年（1766）就已經破敗不堪。《重修相國寺並建行館小記碑》中記載：「甫逾百載，而寺已坍殆盡，僅存大殿、藏經樓，亦頹敗不整，佛像傾斜，僧眾止棲息放生堂數椽，餘成荒圃，半為水窪。」《清高宗實錄》卷七百五十七里記載，乾隆三十一年（1766）三月乙亥，河南巡撫阿思哈上奏：「相國寺建於北齊，為豫省名藍，祝國保釐之所，年久倒塌，仰懇酌撥帑金重修敕賜嘉名。」得旨：「好，可於公項內酌動，既經修復，不可圖省，減其舊觀也，修成時，繪圖來請名可也。」乾隆皇帝下旨，不用節省，不能削減寺廟原來的規模，國家撥出白銀一萬兩，修復相國寺。

《重修相國寺並建行館小記碑》中記載：「或有以茲寺隙地甚廣，宜建各郡行館以資憩息為言。蓋兩河遼闊，自監司刺史以下牧令百有餘官，……捧檄至省者，往來不絕也……，行館之設，未嘗無益，況使寺基不終廢棄，……。」阿思哈修復相國寺可能還有別的原因，當時河南各地官員到省裏辦事，沒有地方住，需要建些行館，可是隨著人口日益增加，開封城日益擁擠，想在城內找些地方也困難。於是河南巡撫阿思哈就尋思一舉兩得，向朝廷要一批銀子，既可以將相國寺蓋起來，還可以用這筆錢把行館也蓋起來，連徵地也不用，最後果然如其所料。

乾隆朝修復的規模很大，除了朝廷所劃撥的一萬兩白銀外，高官顯貴也都

捐出了一些，各地估計也攤派了一些，僧人也向信眾募捐了一些。工程始於1766年4月，完工於1768年10月，建成了山門、鐘鼓樓、接引殿、大雄寶殿、羅漢殿、藏經閣（左右有觀音殿和地藏殿兩個配殿），基本上就是現代佛教寺廟的格局。建完之後，工程款還有些結餘，就在寺西建了一個小花園，取名「祇園小築」。光緒年編的《祥符縣縣志》記載：「相國寺自乾隆時重修後，規模遂狹，為旁有行館也。」可見，相國寺地基被八個郡的行館占走不少，原本寬闊的面積，顯得一下子緊湊起來。

嘉慶年間，智海院有過翻修。王廷瑞的《重修相國寺智海禪院佛殿僧僚碑記》記載，嘉慶二十四年（1819），安徽巢湖人曹天桂、浙江錢塘錢復初出資，率領信眾修復了智海院（相國寺西院）毗盧殿、觀音殿和僧僚，還建立浴池一個，供僧人洗澡用。

清代的相國寺，最靠南為大牌坊，乾隆御書「敕修相國寺」五個大字；往北走是南大門，山門殿內供奉彌勒佛，左右配哼哈二將，山門殿北面與彌勒佛背靠背是關公像。再往北走是二殿，即接引殿，供奉接引佛，即西方極樂世界的阿彌陀佛，左右配四大天王，二殿北面與阿彌陀佛背靠背供奉的是韋陀天將，他是僧人的保護神。再往北走是大雄寶殿，供奉東方藥師佛、釋迦佛、西方阿彌陀佛三佛，與三佛背靠背而面朝北的是觀音菩薩。左右兩個配殿，東邊供奉的是南方寶生佛，西殿供奉的是彌勒佛。再往北走是八角琉璃殿，裏面有個八棱亭，裏面供奉的是四面千手千眼觀世音菩薩像，左右五百羅漢。八角殿左右也有配殿，東為戒堂，上書「皆大歡喜」，西為齋堂，上書「人天供養」。八角殿再往北就是藏經樓，藏經樓右邊有多寶佛塔，左邊是藥師佛燈。藏經樓一樓供奉毗盧佛，這是法身佛，宇宙之主。二樓供奉准提觀音，這是觀音「破人道三毒」時顯現的造型，十八隻臂膀，可以促進夫妻和睦，止小兒夜啼等。西壁塑有相公相婆像。

清代相國寺傳戒活動比較有名，一般在冬季傳戒，稱為「安壇受戒百日道場」，前來求戒的僧人，一次多達五六百人。《瓶城山館詩鈔》卷9有詩一首：「廣廈千門記信陵，於今寺裏佛傳燈；一年一度無遮會，多少禪堂受戒僧。」描述的就是相國寺的授戒大會。

清代相國寺，仍然有商貿活動繁榮的市場。史料記載當時寺內算卦、占卜者不少，知名者有「禿子」和「井胖子」，山門內一般為書店和買賣字畫古董的市場，二殿前後為說書的、墜子、梆子、相聲、雙簧等曲藝活動，八角殿附

近為賣藥材和雜貨，其他如皮影戲、木偶戲、耍蛇玩猴、武術表演等應有盡有，十分繁榮。鐘鼓樓兩邊主要是賣小吃，胡辣湯、小米粥。水煎包等等。

大相國寺佛樂團非常有名

## 八、現當代的相國寺

　　民國初期，百廢待興，崇尚科學，政府對於維修寺廟之事不再熱心，相國寺衰敗不已，卻無錢維護，牌坊曾倒塌一次，砸死二人，僧人靠募捐和經營商鋪收入將之修復。

　　民國十六年（1927），馮玉祥主政河南。由於馮是基督教徒，將佛道教都斥為迷信，所到之處，拆毀塑像，收回寺廟，大相國寺也未能幸免，寺僧被趕出相國寺，寺廟被改為了中山市場，山門變成了中山市場大門，兩旁配有標語：「世界人類平等」，「中國民族自由」。二殿被改為「平民演講處」。大殿被改為「革命紀念館」；八角殿被改為河南美術館；藏經樓被改為實業樓，陳列本省出產的各種工農業產品。塑像、石碑基本被砸。

日本發動全面侵華戰爭後，1938 年 6 月佔領開封，授意釋潤生為相國寺方丈，將相國寺主體部分交給僧人管理。重新塑造了一批佛像，並將西智海院法堂殿改為了「弘法大師殿」，紀念曾經在唐代來相國寺住過的日僧空海。

日本投降後，國民政府再次進駐開封，僧人再次被驅逐，相國寺再次淪為商貿市場。

解放戰爭中，相國寺山門、牌坊、石獅子都被炮火擊中損壞。中華人民共和國建國後進行了復建和維修，但仍然將之作為市場使用，並未交給僧人管理。接引殿被改為了兒童宮，大雄寶殿被改為了展覽館，八角殿也就是羅漢殿被改為美術館，藏經樓被改為展覽館。放生池被改為了青年宮，戒壇被改為了第二食堂。各郡行館被改為了胡同小學。

改革開放後，相國寺迎來了新生。河南高僧淨嚴老法師、及其剃度弟子心廣法師多方努力爭取相國寺重新恢復為宗教場所，奔走十餘年，到一九九二年四月，地方政府才把大相國寺交由出家人管理。

由中國佛教協會迎請當代名僧，上海玉佛寺方丈真禪大和尚，兼任大相國寺方丈。1992 年 10 月，真禪大和尚到開封舉行了盛大的典禮，收回地方機構及市民佔用的房舍，相國寺再次成為寺廟。

現任相國寺方丈心廣法師，俗家姓杜，名建軍，河南省永城縣人，一九六五年出生於永城縣一個佛教家庭。高中畢業後，先到少林寺和白馬寺參學，得到白馬寺方丈徹幻、海法二師的指點，一九八二年十月專程到開封河南佛學社，禮年逾九十的淨嚴老法師落髮出家。一九八四年，考入中國佛學院南京棲霞山分院。一九八六年，心廣法師於佛學院畢業，並受具足戒。戒期圓滿，立即趕回河南，淨嚴老法師安排他到省佛教協會工作。

一九八七年河南佛教協會第二屆代表會議召開，年僅二十二歲的心廣法師當選省佛教協會副秘書長。1992 年 4 月，在中央有關領導的關懷下，在趙樸初會長及全國佛弟子的共同努力下，相國寺交給僧人管理。1998 年，心廣法師出任大相國寺住持。2002 年 10 月 12 日，心廣法師榮升大相國寺方丈。

據悉，開封市領導非常重視相國寺的建設，為了建設旅遊名市，決定恢復相國寺歷史上非常有名的資聖閣，這座唐玄宗天寶四年（745）所建的寶閣，從唐到明末（1642）一直在開封矗立了九百年，而今時隔三百多年後再次恢復，正印證著佛教中「成、住、壞、空」的大循環。

# 第四章　千手千眼觀音祖庭——
## 平頂山大香山寺

　　「觀音菩薩妙難酬，清淨莊嚴累劫修；三十二應遍塵剎，百千萬劫化閻浮；瓶中甘露常時灑，手內楊柳不計秋；千處祈求千處現，苦海常作度人舟。」這是我國佛教信眾都非常熟悉的一首偈子。可是您知道中國千手千眼觀音的故鄉在哪裏嗎？那就聽我們說說吧。

　　在今豫中平頂山市新區北面的香山上，坐落著漢化觀音的祖庭大香山寺。漢化觀音的道場何以坐落在平頂山？個中緣由需要細細詳解。

## 一、香山的佛緣

大香山寺

香山原名火珠山，其與佛教的初次結緣與其所在地的名字有關。佛經記載，佛陀的故鄉迦毗羅衛國的都城名為「父城」，其西南有香山。而火珠山所在的地方在春秋戰國時代名「父邑」，為楚國的地盤。西漢時期發展為「父城」。據傳貴霜國僧人支法度於東漢光和三年（180年），雲遊至此，見此地有「父城」，與佛陀的故鄉迦毗羅衛國的都城名字相同，恰好在城的西南有火珠山，東有大龍山，西有小龍山，其山勢恰好與印度香山的山勢相符，讚歎不已，流連忘返。並四處籌集資金，在山上建立起「香山精舍」，火珠山也逐漸被稱為香山。到了西晉元康初年（291年），改名為「香山菩薩寺」，這就是香山寺的來歷。唐僧人法琳著《辯證論》，則講是北周將軍柳慶之建造的香山寺：「周大將軍南蠻都監常山公柳慶之（造香山寺）嵩高峻極，大夏雲構，器宇沖邈，風度凝整，追王戎之簡要，邁裴楷之清通。有德有才可師可尚，於襄州造香山，寺剎飛雲，表幡揚天垂，日殿蓮臺，珠叢金地，遠方祇樹，若寫雞園。」[註1]到底哪個是真源頭，尚需繼續研究。

## 二、妙善公主的傳說

北宋元符二年（1099年）十一月，翰林學士蔣之奇出任河南汝州知府。不久他巡遊到了香山寺，僧懷晝呈上一本據傳是唐代古本的《香山大悲菩薩傳》，該傳稱唐代高僧道宣常與神人交往，有一次他向神人詢問觀音菩薩的來歷，神人告訴他：「觀音示現無方，而肉身降跡，惟香山因緣最為勝妙。」而香山位於「嵩嶽之南二百餘里，三山並列，中為香山，即菩薩成道之地也。」蔣之奇感到非常驚奇。他意識到這個本子非常重要，可為傳世之典。於是受懷晝之請，為《香山大悲菩薩傳》潤色加工。第二年九月，又請當時的大書法家，宰相蔡京將之書寫下來，並請人刻於碑文上。其內容大致如下：

此地非常久遠的過去有一個莊王，夫人名寶德，生有三個公主。分別為妙顏、妙音、妙善。大公主與二公主先後嫁人，唯獨三公主妙善一心皈依佛門，總想出家為尼。她拜附近白雀寺尼師惠真為師，常去白雀寺修行。莊王不信佛法，一怒之下火燒白雀寺。山神知道妙善乃觀音菩薩的轉世，於是使用神力將之轉移到香山藏了起來。一晃三年過去了。

莊王火燒寺廟，犯下因果，得了重病，眼看無法醫治。一個神醫告訴他，只有用香山仙人的手與眼做藥引子才能將病治癒。莊王到香山尋找仙人，才發

---

〔註1〕（唐）法琳：《辯證論》卷第四，大正藏第52冊。

現仙人原來就是自己的三女兒妙善。妙善不計前嫌，毅然捨去自己的手眼，治好了莊王的病。莊王病癒後非常感動，皈依佛教，並建立了香山寺，他在佛前祈禱自己的三女兒妙善能夠恢復手眼，頓時佛光普照，眼前出現了千手千眼觀世音的莊嚴法相！妙善公主的手眼也瞬間完好如初。

**星雲大師為香山寺題詞「觀音祖庭」**

從此，妙善公主為觀音菩薩肉身的傳說便在汝州地區流傳開來。細究起來，這個傳說對後來江南地區的觀音信仰也有很大的影響呢！現存《香山寶卷》的最早版本是 1771 年杭州昭慶寺刊印的，標題為《觀世音菩薩本行經》，現由日本學者吉岡義豐收藏。裏面介紹該本的來源是杭州上天竺寺的僧人普明禪師於宋崇寧二年（1103 年）所寫的本子。那麼普明禪師的本子又從何而來呢？

蔣之奇在汝州就任汝州知府只有一個月就調到了慶州，兩年後轉任杭州知府，時間是在 1102 年 11 月。非常巧的是，杭州普明禪師的本子寫於 1103 年，當時蔣之奇正是杭州知府。喜歡去寺廟與僧人交好的蔣之奇是不是將自己在汝州所抄的《香山大悲菩薩傳》給了普明呢？然後後者又對其進行了加工與改造呢？史料沒有記載，但這個可能性是非常大的。

兩個本子的內容基本上是一樣的，說明其來源正是汝州的香山。當下我國各地佛教寺廟隆重紀念的觀音誕辰（農曆二月十九日）、觀音出家日（農曆九月十九日）、觀音成道日（農曆六月十九日）都與河南汝州的妙善公主的出生日、出家日、成道日一致。這就更雄辯地證明了汝州的妙善公主為觀音菩薩的肉身這一說法，千年來已經為廣大僧俗接受的事實。

### 三、豐富多彩的觀音文化

#### （一）妙善公主的出生地——父城

父城遺址位於今寶豐縣李莊鄉古城村，考古學家曾在此發掘出了春秋戰國時期的城市遺址。該城分內外兩城，外城為長方形，東西長 1750 米，南北寬 1250 米，總面積 218.75 萬平方米。內城為官衙和有地位的人的住地，當地人稱其為紫禁城，是《香山大悲菩薩傳》中莊王的都城。曾發掘出不少文物。內城東 500 米處，有三座呈品字形分布的大墓，據說中間的就是妙善公主的衣冠冢，民間稱其「皇姑墳」，並傳言觀音菩薩曾多次在此顯聖。此地目前也是觀音信眾朝聖的聖地之一。

#### （二）妙善公主出家的寺廟——白雀寺

在父城遺址南面有一個白雀寺，依蔡京碑所說即是妙善公主跟隨惠真尼出家的寺廟。

相傳寺裏原有兩棵神樹，常吸引白雀來棲息，故稱白雀寺。據說早年這裡有一棵千年古槐，為寶豐八景之一，樹木中間有一個大洞，孩子們常在樹上玩耍。後因戰亂被焚。另一棵為萬年古柏，高十餘米，幾個人才能抱住，文革期間樹根被刨除。

白雀寺裏還有一口觀音井。相傳妙善公主出家後，常在這裡取水澆花，洗衣做飯。1995 年，還在井裏掏出古寺文物數件。

#### （三）觀音地名

香山附近關於妙善公主與觀音菩薩的傳說不計其數，以觀音來命名的地名就有多處。村就不說了，鄉鎮級的就有魯山的觀音寺鄉，寶豐縣的觀音堂鄉等。正因為平頂山地區有如此多的觀音文化遺跡，已經被公認為中國漢化觀音文化的發祥地和傳播地。2011 年 10 月，中國民間文藝家協會正式命名平頂山市為「觀音文化之鄉」。

### 四、巡禮大香山寺

#### （一）山門

大香山寺的山門清新典雅，門前廣場巨大，地勢開闊。當初趙樸初先生非常喜歡大香山寺，建議命名為「大香山普門禪寺」並題寫了匾額。山門裏面兩

側分別是哼哈二將。最中間的門為「空門」，左右分別為「無相門」、「無作門」，合稱「三解脫門」。

## （二）天王殿

大香山寺的天王殿與其他寺廟的天王殿大同小異。裏面供奉的是彌勒佛與四大天王。

## （三）大慈悲殿

大慈悲殿裏面供奉著主尊大悲觀音，即千手千眼觀世音。左右供奉的造型不同的各類觀音像。

當代著名高僧、臺灣佛光山開山宗長星雲長老，認證平頂山香山寺為「觀音祖庭」。他說：「我是觀音的弟子，是大香山寺的信徒。」並親筆為香山寺題寫「大香山」、「觀音祖庭」兩幅題詞，進一步確立了香山寺在佛教界的獨特地位。現在星雲大師的題詞被製作為匾額，懸掛於大慈悲殿的前門左側。

## （四）觀音菩薩證道之地──四面觀音殿

四面觀音殿建於清代康熙三十六年（1697 年），裏面供奉著四面三十六臂觀音像。相傳為觀音菩薩證道之地。也即妙善公主顯現千手千眼相之地。

## （五）觀音大士塔

香山寶塔矗立於寺院中央，遠遠望去，非常壯觀。它是香山寺的標誌性建築，為河南省重點文物保護單位。塔下葬有觀音真身舍利，塔內供奉著千手觀音菩薩像，因此，又叫「觀音舍利塔」或「觀音大士塔」或簡稱「大悲塔」。

相傳，香山寶塔下面有地宮，裏面供奉著觀音真身舍利。對此，歷代方志及佛教文獻均有相關記載。明正德《汝州志》記載：「世傳大悲菩薩乃楚莊王之女修煉成佛之所，靈骨至今葬於塔下。」《蔡京碑》記載：「菩薩真身外營寶塔，莊嚴葬於山頂庵基之下。」正因為有觀音真身舍利，靈驗殊勝，所以，香山寺被稱為「真香山」、「大香山」，是名副其實的觀音祖庭、佛教聖地，來這裡朝拜的香客川流不息，尤其是農曆二月廟會，香火最為旺盛。

據考證，香山寶塔始建於東漢光和四年，最初為木塔，兩晉南北朝以後逐漸改為磚石塔。現存的香山寶塔，建於北宋熙寧元年，是神宗皇帝敕賜重建的。塔高三十三米，塔身九層，為八角形九級樓閣式磚石塔。

## 觀音大士塔

　　第一層中央，供奉千手千眼大悲觀音菩薩像；第二層，供奉玉佛像；第二、第三兩層共有壁龕 288 個，龕內分別供奉佛、菩薩、羅漢等雕像。其餘各層為素面青磚平砌而成，每層高度遞減，塔頂為覆盆形，上置鐵剎，造型樸實大方，巍峨渾雄。

　　平頂山香山寺有著悠久而輝煌的歷史，被譽為「九州名剎」，是華夏千手觀音菩薩的第一道場。歷代朝廷十分重視寺院建設，北宋和元代的皇帝曾先後下詔，劃定香山寺地界，並頒發聖旨修繕寺院；明代英宗皇帝朱祁鎮敕賜「香山普門禪寺」扁額。香山寺高僧輩出，宋金兩代，法成、善初、慈照、正覺先後被皇帝賜以紫衣和法號。

　　古老的香山寺碑刻林立，現存的珍貴碑刻有：《香山大悲菩薩傳》碑、公主碑、狀元碑和太師碑等。其中《香山大悲菩薩傳》碑最為珍貴。該碑是北宋元符三年（1100 年）所立，現鑲嵌在香山寶塔底層券洞內。由宋代通議大夫蔣之奇撰文，朝廷重臣著名書法家蔡京書丹，因此，俗稱「蔡京碑」。

蔡京碑

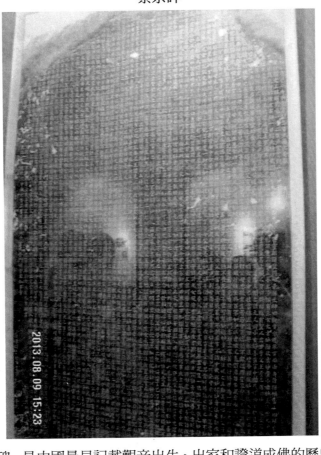

　　「蔡京碑」是中國最早記載觀音出生、出家和證道成佛的歷史文獻，在中國佛教史上佔有非常重要的地位。北宋崇寧三年（1104），杭州天竺寺僧人道育，將「香山大悲菩薩傳碑」改名為《香山大悲成道傳》，刻石立碑於天竺寺。於是，觀音成道的故事便從中原父城傳遍大江南北，隨後又傳遍全世界。

　　1976年，應英國牛津大學之邀請，《香山大悲菩薩傳》碑刻拓片在英國展出，引起海內外佛教界高度關注。《香山大悲菩薩傳》碑鑲在香山寶塔底層券洞內，為河南省重點保護文物。這是我國最早記載觀音證道成佛的歷史文獻，在中國佛教史上佔有非常重要的地位。

　　香山寺的第二寶是千手千眼觀音菩薩塑像，供奉在香山寶塔第一層中央。是唐朝著名畫家、雕塑家範瓊的作品。

　　平頂山香山寺是「枯木禪」的發源地。北宋崇寧四年（公元1105年），曹洞宗進入香山寺，開山立派第一人是枯木法成，以「枯木禪」聞名當世，一些

人不遠千里慕名而來，跟隨他修禪的僧人超過千人，包括後來成為少林寺住持的法和禪師。

金大定二十五年（公元 1185 年），香山寺立《重建汝州香山觀音禪院記》碑。該碑由金世宗次女唐國公主所立，故稱「唐國公主碑」。令人遺憾的是，文革時期被造反派砸掉半截，剩下的這半截石碑訴說著香山寺的滄桑巨變。

崇禎三年（公元 1630 年），立《重修香山寺觀音大士塔碑記》碑，由崇禎元年狀元劉若宰撰文並書丹，稱為狀元碑。

清順治 13 年（公元 1656 年），立《香山大悲觀世音菩薩大普門禪寺重修碑記》碑。碑文由大學士、太傅兼太子太師范文程撰寫，稱為太師碑。

大香山寺的二月廟會非常有名。每年農曆二月十九日，四方遊客雲集，熱鬧非凡。二月廟會最早始於北宋元符年間（公元 1098 年～1100 年），至今已有 900 多年的歷史。

隨著城市的推進，平頂山市區已經逐漸推進到大香山寺山下，優越的地理位置，使得大香山寺的未來更加光明。

# 第五章　臨濟宗一脈單傳的福地——
## 汝州風穴寺

　　說起 82 年版的《少林寺》，中國可謂婦孺皆知，讓李連傑一躍而成為國際巨星。可是，很少有人知道的是，電影中很多古塔與景物，是在汝州風穴寺拍攝的！

　　臨濟宗是禪宗裏最大的宗派，自明代以來，便有「臨天下，曹一角」的說法。可是，很多人可能不知道，在唐末宋初的一段時間，臨濟宗卻是一脈單傳，險些便斷了法脈。而挽救臨濟宗的關鍵人物，就是後來被稱作「風穴延昭」的延昭法師，這一時期臨濟宗的大本山就是河南汝州的風穴寺。

### 河南汝州風穴寺

知道了這兩點，可能您就想瞭解一下風穴寺的來歷了。汝州風穴寺，位於河南平頂山汝州市，在縣城乘坐 7 路公交車，就可以直接到達風穴寺。常法亮先生在其大作《汝州風穴寺始建年代探賾》中認為，風穴寺始建於東漢末年，初名香積寺。〔註1〕東漢時期，佛教在中國勢力不大，多與仙道等混在一起，要說此地有寺有可能，是不是就是我們現在所認為的佛教寺廟，也有疑問。種種跡象表明，在東漢時期，此地可能與仙道有很深的關係，東漢著名的道士費長房在風穴山修煉過。《後漢書·方術列傳·費長房傳》記載：

> 費長房者，汝南人也，曾為市掾。市中有老翁賣藥，懸一壺於肆頭，及市罷，輒跳入壺中。市人莫之見，唯長房於樓上睹之，異焉。因往再拜，翁曰：「子明日更來。」長房旦日果往，翁乃與俱入壺中。……長房辭歸，翁與一竹杖，曰：「騎此任所之，則自至矣。既至，可以杖投葛陂中也。」又為作一符，曰：「以此主地上鬼神。」……遂可醫療眾疾，鞭笞百鬼，及驅使社公。或在它坐，獨自恚怒，人問其故，曰：「吾責鬼魅之犯法者耳。」……後失其符，為眾鬼所殺。
> 〔註2〕

說東漢時有個叫費長房的人，一天他在酒樓喝酒解悶，偶然看見街上有一賣藥的老翁，懸掛著一個藥葫蘆。罷市之後，老翁就悄悄鑽入了葫蘆之中。費長房看得真切，斷定這位老翁是個神仙，就前去拜師。費長房隨老翁十幾日，學得方術，返回家裏時大家都很驚異，原來跟隨神仙十幾天，在人間已經是過了十餘年。從此，費長房能醫百病，驅瘟疫，令人起死回生。

梁人吳均在他的《續齊諧記》中也記載有費長房的神異：

> 汝南桓景隨費長房遊學累年，長房謂曰：「九月九日，汝家中當有災。宜急去，令家人各作絳囊，盛茱萸，以繫臂，登高，飲菊花酒，此禍可除。」景如言，齊家登山。夕還，見雞犬牛羊一時暴死。
> 長房聞之，曰：「此可代也。」

王維曾有《九月九日憶山東兄弟》一詩：「獨在異鄉為異客，每逢佳節倍思親。遙知兄弟登高處，遍插茱萸少一人。」由上文可見，在唐代非常興盛的九九重陽節插茱萸的風俗，也是來源於費長房的仙術。

---

〔註1〕常法亮：《汝州風穴寺始建年代探賾》，《中原文物》2006 年第 6 期。
〔註2〕（宋）范曄：《後漢書》，北京：中華書局，2005 年，2280 頁。

　　費長房隱居修仙的地方在哪裏？正史沒有記載，據地方史料可知是在汝州風穴山。《直隸汝州全志》載：「費長房，汝南人，嘗為郡市吏，愛風穴清幽可居，雖屬洞棲焉。一日投竹杖化龍於橋上乘而仙去，今橋名升仙橋。」據康熙年間的《風穴志略》記載：「升仙橋，橋橫洞口，費長房見壺公於市懸壺賣藥，因師事之，得其術，歸棲山壑。一日，化龍於橋上，乘而仙去。」

　　因此筆者推斷，風穴寺最初可能主要是仙道修行的地點，或有佛教僧人也在此修行，當時佛教常常被認為是仙道的一種，這或許更符合當時的實際情況。至於東漢時為「香積寺」一說，只是常法亮先生根據北魏時期叫香積寺，就推測東漢時期也叫香積寺，筆者不予採納。

　　《風穴七祖千峰白雲禪院記》記載：「後魏，山前為香積寺，數當兵火，像毀寺焚，有鄉人衛大丑收以材石，構築佛堂於此山之西北，即今之院基是也。至隋，又為千峰寺。」可知最遲到北魏時期，這裡就已經是佛教的寺廟了，並且，北魏時期，風穴寺稱為「香積寺」。並不在現在寺院所在位置，但據現在位置不遠，據常法亮先生介紹：「這兩處地方相距不足 600 米，而且同在一個寬度僅有 50 米至 200 米、長度只有 1500 米的小峽谷中（峽谷中有一條河流）。該峽谷整體呈南北走向，由（東邊的）龍山、（西邊的）黃虎山、（北邊的）玉皇山圍合而成，谷口朝南，約 50 米寬。在這個峽谷中，只有兩塊片狀土地：古「香積寺」所處位置是其一，在谷口內側；風穴寺寺址是其二，位於谷尾。」〔註3〕

　　香積寺的名字來源於《維摩經》裏的故事，據說當初維摩居士生病，佛陀派文殊菩薩、舍利弗等眾人去看望他。期間，維摩詰與文殊菩薩就般若佛理進行了辯論，吸引了很多聽眾。到了吃飯的時間，舍利弗心想，這麼多人，到哪裏去吃飯呢！維摩詰尊者知道他的想法，就施展神通，將四十二恒河沙佛土遠的「眾香國」展現在大家面前，眾香國的教主是「香積如來」，他把飯食送到維摩居士家中，眾人吃之不盡。

　　北魏後來分裂成東魏西魏，再次裂變為北齊和北周，雙方在北方鏖戰，河洛地區淪為戰場，香積寺被戰火破壞。有個叫衛大醜的人，把廢寺的材料收集，到現在風穴寺的地方重建寺廟，估計規模很小。到隋代時，稱為千峰寺。

　　五代後漢乾佑三年（950）年的《風穴七祖千峰白雲禪院記》記載：「大業中，釋教中否，緇侶流離，直至唐初，只為阿蘭若爾。開元間，有貞禪師，

〔註3〕常法亮：《「王維所過香積寺只能在長安」質疑》，《文化學刊》，2009 年第 5 期。

襲衡陽三昧，行化於此，溘然寂滅，示以闍維。有崔相國、李使君名嵩與門人等收舍利數千粒，建塔九層。玄宗諡為七祖塔，今見存焉。大中初，有禪主道源開拓山門，重光梵剎。十三年（公元859年）四月一日，塑釋迦像，取舍利安於佛心。」可見隋朝大業年間，千峰寺衰敗，到唐初只是個不起眼的「阿蘭若」，「蘭若」或「阿蘭若」為「僻靜處」之意，一般較小的修行地點稱為「蘭若」。

開元年間，千峰寺也被稱為「千峰白雲禪院」，天台宗祖師慧思的弟子貞禪師來到千峰白雲禪院，在此弘揚「衡陽三昧」，即天台教法。受到當時宰相崔日用和尚書李嵩這些貴人的信奉，可貞圓寂後，埋葬在風穴寺，唐玄宗欽定其為天台宗七祖，故其舍利塔名為「七祖塔」。

《金石萃編》卷83有北宋河南緱氏人（今屬河南偃師市）沈興宗編纂的《大唐開元寺故禪師貞和尚塔銘》記載：「貞禪師（612～725），京兆人，俗姓張，……後隸此郡開元寺，……以開元十三年九月十八日示滅於開元精舍。」結合《風穴七祖千峰白雲禪院記》講貞禪師在千峰寺圓寂，我們認為千峰寺可能於開元年間曾改名為開元寺。

康熙十二年（公元1673年）編著的《風穴志略·卷上》記載：「後唐長興二年（公元931年）延沼禪師至汝州，見草屋數椽依山，如逃亡人家，問田父曰『此何所？』田父曰『古風穴寺』，沼曰：『我居之，可乎？』田父曰：『可。』」〔註4〕可見唐末開元寺衰敗不已，已經只剩下幾間草屋，沒有僧人了，而最遲到五代時期，就已經開始以風穴寺作為寺名。

風穴寺真正重要起來，是到了延昭法師進駐以後，風穴寺的歷史和臨濟宗聯繫了起來。臨濟宗的開創者義玄（？～866），山東定陶人，俗家姓邢。早年學過律典，也學過經論。後來去黃檗山希運處學禪，三年而無所獲。首座看他聰明，就鼓動他去見希運。結果他三次向希運發問，三次被打了出來。於是負氣想走，首座勸他去向希運辭行，然後向希運推薦義玄，希望「方便接他，向後穿鑿，成一株大樹，與天下人作陰涼去。」〔註5〕義玄曾經有一個道友名叫大愚，很有道行。大愚禪師不好群居，獨居山舍。曾對希運說，他日如果碰到伶俐漢子，指一人來訪。於是當義玄去辭行時，希運推薦他去見江西高安大愚禪師。義玄到了大愚那裏，向大愚問了很多佛學難題，大愚一語不發，反而斥

〔註4〕劉天福：《風穴寺文史薈萃》，鄭州：中州古籍出版社，1991年。
〔註5〕（宋）賾藏主：《古尊宿語錄》卷5，《大正藏》第68冊，第31頁下。

責他不該給自己講這麼多的「不淨」語。將他趕回了黃檗山。義玄向希運訴說了被趕的經過，希運卻批評他不該虛往而歸，再次打發他去見大愚。在大愚的啟發下，他終於領悟了禪宗不借助文字，「以心傳心」只可意會不可言傳的宗旨，言下大悟。義玄開悟後非常感激大愚對他的幫助，在身邊侍奉了十餘年，直到大愚去世。

### 河南汝州風穴禪寺

義玄以後到許多地方參訪，後來仰山慧寂告訴他，可以到河北去弘法，那裏有人會「輔佐」他。於是義玄向黃檗希運辭行，動身到鎮州（河北正定）去。住在滹坨河畔的臨濟院。後來果然得到了當地節度使王韶懿的支持。後來由他發源的宗派就成為臨濟宗。晚年義玄曾受到河中節度使蔣伸的邀請，到蒲州（今山西永濟西）弘法，不久又到魏博鎮的大名觀音寺（也叫興化寺），受到多方歡迎，在此弘法三年後去世。

義玄的禪法，「呵佛罵祖」是首要特徵。他曾經對道流講法：「道流，你欲得如法見解，但莫受人惑。向裏向外，逢著便殺，逢佛殺佛，逢祖殺祖，逢羅漢殺羅漢，逢父母殺父母，逢親眷殺親眷，始得解脫。」「莫將佛為究竟，我見猶如廁孔。菩薩羅漢盡是枷鎖，縛人底物。」「三乘十二分教，皆是拭不淨故紙。佛是幻化身，祖是老比丘。」〔註6〕用如此激烈的語句，確實讓人心驚。

---

〔註6〕（宋）賾藏主：《古尊宿語錄》卷5，《大正藏》第68冊，第26頁下。

　　禪的本質就人的天性自然流露,不受任何偶像拘束。義玄認為,每個人「赤肉團上都有一無位真人,常從汝等諸人面門出入。」這個「無位真人」其實就是人的本性、佛性、本體。

　　既然每人都有佛性,人的肉身都是佛的顯現,則佛根本不用修(「佛法無用功處」)。「道流,你取山僧口里語,不如休歇無事去。」認為擔水掃地、砍柴做飯等大家生活日用即是佛道。

　　臨濟宗第二代傳人興化存獎(830~888),天津薊縣人,俗姓孔,在唐咸通元年(860年)前後成為臨濟義玄的弟子,後曾拜訪過仰山慧寂,受到大仰山的稱讚,但據說仰山也曾預言臨濟宗會「遇風而止」。後來魏博鎮的節度使請他住錫大名(今邯鄲與安陽交界)興化寺,稱「興化存獎」。

　　存獎的弟子南院慧顒(860~930),生活在唐末五代,主要在河南汝州寶應寺南院傳法。汝州寶應寺始建於唐開元初年,可能在寶應年間改名寶應寺,該寺位於汝州城西南隅,是汝州僧正的駐地,一直到明末尚存。慧顒的禪法,繼承了臨濟禪法的教學方法。有僧問:「如何是佛?」他反問:「如何不是佛?」又有僧問:「諸聖(佛菩薩)向什麼處去?」他回答:「不入天堂,即下地獄。」這就是不正面回答問題,否定佛菩薩的權威。

### 河南汝州風穴禪寺

　　慧顒的嗣法弟子為風穴延沼(897~973),延昭俗姓劉,浙東麗水人,法名原為匡沼,後來為避宋太祖趙匡胤的諱而改稱延沼。後唐長興三年(931年)到汝州風穴寺弘法。延沼在此弘法多年,將風穴寺建成大寺院,後來因為匪亂,

他帶領徒眾中轉到湖北鍾祥，在那裏住於廣慧寺，弘法 22 年。延沼於宋開寶六年（972 年）去世。延沼的名言是「問在答處，答在問處。」但同時也說：「有時問不在答處，答不在問處。」可見延沼破除一切語言的規定性，並且破的相當徹底，認為佛法真諦不是語言所能表達的。

據說風穴延沼知道曾預言臨濟宗會「遇風而止」的話，自己住錫風穴寺，正好應其讖語。一日忽然感歎道：「不幸臨濟之道，至吾將墜於地矣！」在旁邊侍立的弟子首山省念聽了，決心延續師道，後來光大了臨濟宗，使其成為禪宗最大的宗派。

### 河南汝州風穴禪寺塔林

北宋時期，風穴寺增添了懸鐘閣，金代修建了中佛殿，元代增添了羅漢殿，但由於史料欠缺，我們無法知曉詳情。由此，唐代的七祖塔、宋代的懸鐘閣，金代的中佛殿，元代的羅漢殿、明代大雄寶殿、清代伽藍殿，組成了一個完整的古建築系列，風穴寺也因此被譽為中州古建築歷史博物館，具有重要的歷史意義和古建築研究價值。

明代正德年間，風穴寺稱為白雲寺。住持先後為滿延和滿資，他們主持了對風穴寺的修復。明代時，風穴寺有所謂的「風穴八景」：1.翠嵐亭，2.大慈泉、3.讀書庵。4.玩月臺，5.雅才亭，6.仙人橋，7.珍珠簾，8.錦屏風。時人黃平有詩：「千古嵐亭眺望州，大慈泉入澗中流；讀書庵廢人何在？玩月臺荒景自幽。

亭係雅才名最美,橋稱仙字號偏優;珠簾高掛無今古,錦屏風瑞氣浮右。」描繪的就是風穴寺八景,從中我們可以看出,八景已經有衰敗之相。

清代地方官對風穴寺非常重視,順治十三年(1656),觀察范承祖請來峨喜法師來風穴寺擔任住持。康熙五年(1666),悟丞等購置了《大藏經》。乾隆十五年(1740),乾隆皇帝遊少林寺,少林寺擔心本寺禪師學識淺薄,無法應對皇上,專程從風穴寺請來了老僧海月。海月鬚髮盡白,神采奕奕,談禪講經,獲得了皇帝的稱讚。

民國時期,風穴寺於 1943 年,國民黨軍統在寺內辦中美第三特種技術訓練班。訓練班的班主任由戴笠兼任,副班主任是軍統少將文強。珍珠港事件後,中美兩國決定在重慶成立中美合作所,從 1943 年春開始,中美合作所在重慶、南嶽、河南臨汝等地相繼開設特種技術培訓班。1943 年,河南鬧饑荒,僧人無飯可吃,文強乘機提出讓和尚們到即將成立的訓練班做勤雜工,以後訓練班停辦,再出家做和尚,獲得了僧人的贊同。住持德一千方百計籌集錢財,維護寺廟的生存,同時也利用這些錢接濟附近的其他寺廟。

1947 年,解放軍打到汝州,風穴寺的僧人因與國民黨軍隊合作過,害怕受到審查,一哄而散,寺廟無人管理。寺廟所屬的上千顆唐柏,被附近的村民砍伐殆盡,時間持續兩年多,非常可惜。建國後,政府在寺內辦過學校和醫院。文革中,紅衛兵砸毀佛像百餘尊。

改革開放後,1979 年建立了文管所。1980 年代,少林寺僧人永乾和永國曾短暫住持過風穴寺。1992 年,河南省下文件,讓文管所和少林寺僧人共管風穴寺。目前是少林寺方丈永信的師弟永海法師住持風穴寺。永海 1980 年代初來到少林寺,後拜行正法師為師,永海年齡比永信大 10 來歲,因為受戒時間晚,做了永信法師的師弟。1987 年行正病危,永海陪伴師父走完人生最後一程。風靡天下的著名電影《少林寺》,其中小和尚打水等鏡頭,就是在風穴寺拍攝的。希望風穴寺有更好的未來。

# 第六章　天下法席之冠，必指首山——襄城首山乾明寺

　　乾明寺因臨濟宗祖師首山省念（926～994）而天下聞名，省念所住的首山乾明寺，位於今許昌襄城，距離汝州不遠。這裡在五代宋初是臨濟宗的大本營。在北宋就有「天下法席之冠，必指首山」的說法。臨濟宗在此之前一直是一脈單傳，直到省念，才培養出了諸多傑出弟子。傳說乾明寺始建於唐代，曾經唐武宗滅佛和後周世宗滅佛，兩次被摧毀。到省念入住時，只留下地基，他只好到山洞中暫住。乾明寺今有「念公洞」。

首山乾明寺

省念的禪法，也以峻烈著稱。有人問他：「作何行業，報得四恩？」他回答：「殺人放火。」又有人問：「大悲（千手觀音）千眼，哪個是正眼？」他回答：「即便戳瞎。」他用這種讓問者感到驚駭的話語，實際上是告訴對方一發問就錯，佛法真諦只能自悟，不可言說。

有人問他：「菩薩未成佛時如何？」他回答：「眾生。」又問：「成佛後如何？」他回答：「眾生！眾生！」可見他認為佛即眾生，「要行即行，要坐即坐」，隨性自然就是佛，否定彼岸世界的存在。

首山省念在當時名氣很大，有「法席之冠，必指首山」之稱。但他於淳化四年（公元 994 年）去世。他的弟子裏，善昭最有才學，但是善昭最初只想隱居，不想弘法，多地州縣請他去住錫，他都不就，躲到襄陽白馬山隱居。汾州僧俗請他的同學契聰法師帶著千餘人的簽名去襄陽請他，到了白馬山卻發現善昭閉門睡覺。契聰闖進去，大聲斥責他說：「佛法大事，靜退小節。風穴懼應讖，憂宗旨墜滅，幸而有先師。先師已棄世，汝有力荷擔如來大法者。今何時？而欲安眠哉！」善昭這才感到自己責任重大，他趕忙爬起來，和契聰回到汾州。

在山西善昭培養了石霜楚圓等很多得意弟子，使臨濟宗傳到了南方，並廣為傳播。石霜楚圓（986～1039），俗姓李，廣西全州人，年二十二出家，也稱「慈明楚圓」。聽說善昭在山西傳法，前去學習，然而善昭只是讓他挑水砍柴。一年後楚圓沉不住氣了，想去參學善昭，不料善昭卻罵他是「惡知識」，並用棒將他打出。他剛想申辯，善昭就用手捂住了他的嘴。楚圓當下大悟，認識到臨濟宗的思想就是道法自然，挑水砍柴之類的生活事情就是佛道。

楚圓的傑出弟子有黃龍慧南與楊岐方會。黃龍慧南（1002～1069），江西上饒人，最早是雲門宗懷澄的弟子，並深受懷澄的器重，擔任寺內上座，可以代替懷澄講法。但在南昌傳法的文悅，告訴慧南，懷澄所授均是「死句」，即正面傳授，這並非雲門的真傳，但慧南並不服氣。後來慧南因機緣與楚圓共處一寺，由於此時的慧南已經小有名氣，楚圓不知慧南的道行深淺，並無自信可以做他的老師，就用一些語句來試探他：當初文偃說要打洞山守初三棒，應不應打？慧南說：應打。楚圓就反問：說打就應打，那麼鴉鳴鳥叫，豈不都應打麼？慧南瞠目結舌，無法回答。這時楚圓告訴他，剛開始我並無自信坐你的老師，現在知道是可以做你的老師的。然而每次慧南想去問問題時，總是被罵。他說，我只是問下我不明白的問題罷了，出家人怎麼能用罵人這種不慈悲的方

法教化人！楚圓反問道：「這是罵嗎？」慧南恍然大悟。這裡面的禪機是，語言都是一種隨機施設，我們當初約定將上肢末端稱「手」，如果我們當初約定將上肢末端稱「腳」，那麼今天的上肢末端就被稱作「腳」了。所以雲門說的「打」並非是「應打」，慧南應答「無定」。因為如果他回答「不應打」，楚圓就會馬上反駁他：既然不應打，為何雲門說要打？同樣道理，「罵」也不能認為就是「罵」，既然我們日常用語都只是對事實的一種「施設」，那麼「罵」同樣也可以被施設成「讚」。

## 首山乾明寺塔

慧南門下弟子眾多，如黃龍祖心、東林常總等等，由於聲勢浩大，被稱為臨濟宗內的「黃龍派」。東林常總與文豪蘇軾有過交往，並留下了《贈東林總長老》的禪詩「溪聲便是廣長舌，山色豈非清淨身。夜來八萬四千偈，他日如何舉似人。」這裡面浸透著濃濃的泛神論思想。與後來的「鬱鬱黃花，無非般若；青青翠竹，皆是法身」一致。

石霜楚圓的另一個傳人是楊岐方會（992～1049），俗姓冷，江西宜春人。早年當過稅官，後出家為僧。由於方會精明能幹，被楚圓任命為監院，處理日常事物。每當方會想去問道時，總是被安排是做別的事情。方會終於沉不住氣了，決意一定要問個清楚。他知道楚圓經常去拜訪一位老婆婆，就藏在半路上，等到楚圓一出現，他就截住楚圓，問他到老太太那裏做什麼？楚圓回答：「監寺知這般事便休。」方會聽後「大悟」，便跪在泥地禮拜，又問：「狹路相逢時如何？」楚圓卻告訴他並未入悟。

這裡面的禪機是，當方會發問時，楚圓回答：「監寺知這般事便休。」實際上是告訴他，無論是什麼事，都是幻想，所以不重要，也不必較真，否則就陷於執著。所以你知道了就行了，沒有必要發問。方會可能理解了這個意思，言下「大悟」。但隨後又問「狹路相逢時如何？」意思是如果要是非問不可時怎麼回答呢？楚圓卻告訴他並未入悟。顯然，如果對方非問不可，就當頭棒喝，將之趕走就行了。方會不明白這點，所以楚圓告訴他並未入悟。

方會後來得到印可，到江西萍鄉楊岐山寺弘法，聲名遠播。闡述他的「楊岐境」時說：「霧鎖長空，風生大野，百草樹木作大獅子吼，言說大般若。三世諸佛在爾諸人腳跟下轉大法輪。汝也會得，功不浪施；若也不會，莫道楊岐勢險，前頭更有高峰。」含有天地同源，萬物一體，佛與眾生、萬物一體的華嚴思想。

方會的嗣法弟子為白雲守端，白雲守端傳五祖寺法演，法演傳圓悟克勤。克勤活躍於兩宋之際，對傳播楊岐禪法貢獻巨大。圓悟克勤（1063～1135），也稱佛果克勤，俗姓駱，四川彭縣人，出家後四處拜訪名師，涉及臨濟宗黃龍派、曹洞宗等派別。後來到白雲山拜訪法演法師，並留下擔任侍者。有人問法演：「如何是佛法大意？」法演卻出人意料地引述了兩句「小豔詩」：「頻呼小玉原無事，只要檀郎認得聲。」問者茫然不解，站在一旁的克勤卻恍然大悟。詩句的意思是，未出閣的小姐看到自己喜歡的青年（檀郎）到來，卻不好意思出房相見，就一遍一遍地呼喚丫頭小玉做這做那，其本意並非真的需要丫頭做，只是為了引起男青年的注意的手段而已。這裡的禪機隱含的意思大概有兩點：第一，提示問者三藏佛經只是如小姐為引起檀郎注意的呼叫而已，只是手段而不是目的，禪悟真如才是目的。第二，語言文字（小姐呼叫小玉）只是施設的假象，並非實相。法演對他的禪悟表示印可，並作另作一「豔詩」囑託：「金鴨香囊錦繡幃，笙歌叢裏扶醉歸；少年一段風流事，只許佳人獨自知。」意思是這些悟境只可意會，不可言傳。〔註1〕

後來法演到湖北黃梅五祖寺住持，克勤也跟隨前往，擔任監院。一日克勤想砍伐院中的一顆大樹，法演不同意，克勤毅然伐之。法演大怒，舉杖打他，克勤卻奪過杖子，並大喝：「老賊！我認得你也！」法演大笑而去。這裡面的禪機是：禪宗認為自性即是佛，所以堅持自性就是真理，不畏懼任何權威，包

---

〔註 1〕楊曾文：《宋元禪宗史》，北京：中國社會科學出版社，2006 年 10 月，第 378頁。

括師傅的權威，禪宗強調堅持自主性，對自主意見的堅持。他罵的「老賊」，指的不是法演，而是指法演用於壓制自己想法的師尊地位。

克勤先後在成都昭覺寺、澧州夾山寺、潭州長沙道林寺、江寧蔣山寺、開封天寧寺、金山龍游寺、江西永修雲居山真如寺傳法。其中在湖南澧州夾山寺傳法時，對夾山寺曾經的住持善會法師（石頭希遷的再傳弟子）的「猿抱子歸青障裏，鳥銜花落碧岩前」的句子非常喜歡。經常以「碧岩」自謂。他對雲門宗雪竇重顯的《頌古百則》加注、評論、宣講，後來有弟子將之集結成書，名《碧巖錄》，是禪宗由「不立文字」到「不離文字」的代表著作，作品嬉笑怒罵，以戲謔、風趣的言語揭示禪宗公案的深奧之處，在禪宗內部影響很大。

### 首山乾明寺明代照壁

後來日僧道元（1200～1253）將《碧巖錄》傳入日本，稱《佛果碧岩破關擊節》，在日本影響很大，被稱為「禪門第一書」，影響很大。

圓悟克勤門下大慧宗杲與虎丘紹隆分別形成大慧系與虎丘系，在南宋盛行，並分別傳入日本，代表著臨濟宗的鼎盛時代。尤其大慧宗杲（1089～1163），和當時的名士高官如張九成、張浚來往密切，他告訴張九成：不僅要能夠「入

佛」，也要能夠「入魔」。大意是自己該幹什麼就幹什麼，不要受到當時道德法條的規制。張九成認為自己「了末後大事，實在徑山老人（大慧宗杲住持杭州徑山寺）處。」〔註2〕

乾明寺在元代有悟空妙辯禪師入住，俗姓王氏，名智秀，號金峰，他原在鄢陵的古鄢寺出家，大德五年（1301）來到乾明寺做住持。

明代社會安定，乾明寺也迎來了繁榮昌盛的時代，永樂年間，有妙靈峰禪師入住，開始重建被元末戰亂摧毀的乾明寺。之後，明代的襄城由於位於南北的商道上，隨著明朝與海外的貿易日漸繁盛，襄城也逐漸繁榮起來，乾明寺也成為襄城文人雅士活動的重要場所，迎來了北宋以來的又一次高峰。在僧會金寶峰和富海舟的支持下，乾明寺住持和風禪師在寺內重建了五間大殿，重塑了神像，工程耗時14年。明代乾明寺匾額上題寫「中州禪林第一」，寺分為上寺與下寺，可見明末其繁盛。著名的乾明寺照壁始建於明世宗嘉靖二十八年（1549），高4.66米，長12.99米，是典型的明代建築。

清代乾明寺雖然不復明代盛況，但仍不失為一方大寺，到清末乾明寺光塔林就有四百多座，莊嚴肅穆，錯落有致，可惜在1944年，湯恩伯的軍隊在旁邊建閱兵臺，竟把塔林毀掉了二百多座。

1958年9月，當時的共青團中央第一書記胡耀邦視察襄城，專程到乾元寺，叮囑地方要保護歷史遺產。無奈在特殊的政治時期，乾明寺塔林被那群無知者的年輕人徹底摧毀。現在，修繕一新的乾明寺，又重新煥發出了活力，天下第一禪林期待重現明代的輝煌。

---

〔註 2〕楊曾文：《宋元禪宗史》，中國社會科學出版社，2006年10月，第378頁。

# 第七章 菩提達摩的長眠之地——
## 陝縣空相寺

　　關於菩提達摩，有很多耳熟能詳的傳說，譬如說「一葦渡江」、「十年面壁」、「隻履西歸」等等。但是很多人都不知道，菩提達摩圓寂後埋葬的寺廟名字及地址，這個寺廟就是空相寺，位於三門峽市陝縣西李村鎮的熊耳山下，東與澠池相鄰。

　　中國禪宗源自菩提達摩，在當時的北魏的嵩山地區，有多支禪系並存。有佛大先─佛陀跋陀羅─玄高的印度說一切有部禪法；也有佛陀─道房─僧稠一系的小乘禪法；也有慧文─慧思的禪法；還有就是達摩─慧可─僧璨的楞伽禪。

## 一、達摩的楞伽禪

空相寺熊耳山

2006.01.13 21:51

　　達摩在中國名氣很大，但關於達摩，還有很多謎團。首先就是達摩的國籍問題。達摩是哪國人？有兩種說法，北魏楊衒之的《洛陽伽藍記》講達摩是西域波斯國胡人。唐代智升的《開元釋教錄》也記載：「西域沙門達摩者，波斯國人也。」但唐代道宣的《續高僧傳》則記載達摩是「南天竺婆羅門種」。唐代中後期的《歷代法寶記》則進一步講達摩是南天竺國王的第三子，出身高貴。北宋道原的《景德傳燈錄》說的更詳細，說達摩是南印度「香至國」國王的第三子。總之，一種意見說達摩是波斯國人，一種意見說達摩是南印度人。達摩到底是哪里人？筆者認為達摩是西域波斯國人。理由如下，第一，北魏楊衒之和達摩是同時代的人，說他們都見過也有可能，因此他的記載應該是可靠的。而天竺說的最早說法來自道宣，這已經到唐代了，這是距離唐代已經一百多年了，可靠性大不如前。第二，天竺說存在著時間越是靠後，說的反而越清楚的反常情況。唐初道宣只是講達摩是南天竺人；唐中期《歷代法寶記》就說他是南印度國王的第三子；到了北宋，道原就說達摩是南印度「香至國」的第三子。正常應該是時間越長，留下的記憶越少才對，這種反常的情況，說明南天竺說可能是僧人演繹的結果，並不足信。第三，史料裏有稱達摩為「碧眼胡僧」的說法，我們知道，南印度人種為黑人，眼珠也是黑的，不可能是「碧眼」，而波斯胡人才有可能為「碧眼」。

　　既然達摩是波斯人，道宣為何說他來自南天竺？筆者以為，達摩可能在來中國之前，在南印度住過很長一段時間。達摩時代的波斯，正是薩珊帝國時期，薩珊波斯帝國大力支持拜火教的發展，佛教在那裏的生存環境變差。同時，當時中亞崛起了個嚈噠國，也稱白匈奴，非常兇猛，與薩珊王朝常年戰爭，因此達摩到印度去遊學是很有可能的。達摩後來到中國後，弘傳的是《楞伽經》，此經也正是南印度流行的如來藏系經典。

　　達摩為什麼要來中國？可能的原因是，印度北方興起強大的笈多王朝，笈多王室崇信婆羅門教，新婆羅門教即印度教在笈多王朝的支持下開始了強勁的復興，在這樣一個大環境下，達摩想到中國弘法是可以理解的。達摩要來中國，為何不走絲路北線，為何要走海上絲路？除了中亞有嚈噠與笈多王朝、薩珊帝國的戰爭外，在中國的新疆地區也興起了敕勒人建立的高車國，他們與北方的游牧民族柔然之間長期征戰。也就是說，陸上絲路被戰亂阻止。所以達摩選擇了從海路先到南朝的梁國。

傳說達摩活了一百五十歲，主要活動於公元 478 年至公元 530 年這段時間。他於最初到的是南方的梁國，但與梁武帝並不契機。

> 達摩大師初見梁武帝，帝問：「朕即位以來，造寺度僧，有何功德？」摩云：「此是天人小果，有漏之因，非真功德。」帝云：「如何是真功德？」摩云：「淨智妙圓，體自空寂，如是功德，不以世求。」帝云：「如何是聖諦第一義？」摩云：「廓然無聖」。帝云：「對朕者誰。」摩云：「不識」。由是與武帝不鍥，遂折蘆渡江矣。

在這裡，達摩告訴武帝，武帝在世間的「造寺度僧」等行為，是有貪求的有漏之因，而功德乃是無漏之淨果，故而欲求功德，應該拋卻各種執著，獲得般若智慧；當武帝問第一義時，達摩實際上在告訴他只有自己的心是廓然無礙的，佛就在自己的心中，在自己的心面前，一切人都不是聖者，可是武帝並未理解這一點，反而譏諷達摩：站在我面前這位到底是誰啊？敢說佛也不是聖人？難道你比佛還偉大嗎？達摩的本意是說佛也是在發明本心以後才開悟得道的，所以佛是覺者，武帝啟而不發，達摩只好離去。

離開南方後，達摩便決心到北方去。過長江時沒有渡船，他用一根蘆葦放到江面上，自己站在蘆葦上，飄飄搖搖過了長江。這就是著名的「一葦渡江」。

空觀塔

　　到北方後，他曾進入北魏的首都洛陽，看到胡太后所建的永寧寺，驚為到了忉利天宮。當時北魏統治者崇信的是菩提流支和勒拿摩提，達摩並不受歡迎。於是他就到了當時北方的禪修中心嵩山，在那裏他在一個山洞中面壁九年，禪定的時間長了，事蹟也就慢慢傳開了，有些人震懾於他精湛的禪定工夫，希望拜他為師。達摩為何如此看重禪觀？因為印度佛教本來既重視理論，也重視禪定實踐。達摩來到漢地，發現漢地信眾由於受到魏晉玄談風氣的影響，熱衷於理論探究，卻忽視禪定實踐。他便用自己的禪定工夫引導漢地信眾。達摩的禪法，被稱為「二入四行」，「二入」指的就是「理入」與「行入」。「理入」指的就是理論學習與思考；「行入」指的就是禪修實踐。也就是說，達摩的禪法分為「理解」與「踐行」兩個方面，強調知行合一。「四行」指的一是報怨行，類似於儒家所講的恕道；二是隨緣行，類似於老子所說的「道法自然」；三是無所求行，類似於老子講的「無為」，四是稱法行，即依佛教的教法而行。從達摩的「四行」來看，其實他的「稱法行」就已經囊括了佛教的所有行法，為何還要再加上其他三種，並且還將他們放到前面去強調？看來他是有意識地將儒家和道家的基本命題納入自己的教法，將儒家和道教的理念融合進佛教裏面去。佛教的中國化，從達摩那裏就已經開始了。達摩還強調「籍教悟宗」，要有一個對教理的學習過程，否則會出現「禪病」。必須將所學的教理與禪定實踐相結合，真正體悟真理，將抽象的理論與自身的實踐合一。

　　據說達摩曾拿了本求那跋陀羅譯的四卷本《楞伽經》，對自己的弟子慧可說：「吾觀漢地唯有此經，仁者依行自可度世。」當時《楞伽經》有兩個譯本，一是南朝宋求那跋陀羅所翻譯的四卷本《楞伽經》，一是北魏菩提流支所翻的十卷本《楞伽經》，達摩到了北方，卻不用菩提留支的譯本，而用求那跋陀羅的譯本，顯然他認為求那跋陀羅的版本比菩提留支的版本更接近該經的本意，這可能是他和菩提流支關係不好的原因之一，到後來被禪宗僧人演繹為菩提流支派人給達摩幾次下毒，最後達摩祖師在龍門圓寂，即後來所說的「禹門示寂」。

　　《楞伽經》的最大特點，是推崇如來藏思想。「如來藏」一詞，指如來的法身遍在於現象界的一切事物之中，被認為是成佛的根據，後來也被稱為「真如佛性」。達摩的眼光是非常深刻的，他看到了只有如來藏系經典和中國傳統文化的主流相契。儒家從孟子開始就講天性與人性，認為天性在於人則為人性，人性存在於心，通過盡心而至於盡性，恢復固有的天性就可以達到與天合一的境界，就是所謂萬物皆備於我的境界。

空相寺達摩像

　　除儒家外，道家早在先秦就對體用關係作過明確的說明：

　　　　東郭子問於莊子曰：「所謂道，惡乎在？」莊子曰：「無所不在。」
　　東郭子曰：「期而後可。」莊子曰：「在螻蟻。」曰：「何其下邪？」
　　曰：「在　稗。」曰：「何其愈下邪？」曰：「在瓦甓。」曰：「何其愈
　　甚邪？」曰：「在屎溺。」東郭子不應。〔註1〕

　　這段對話以及以後莊子的那段大論，實際上表達的意思就是典型的「體用
不二」的思維。東郭子問於莊子道在哪裏？莊子說在螻蟻、在瓦甓、在屎溺，
其實就是告訴東郭子，道（體）與萬事萬物（用）是一體的，道不是離開萬事
萬物而單獨存在的實體，它的存在是通過萬事萬物來表現的，道存在於一切事
物中，任何事物上都有道，一切事物都是道存在的表現。所以莊子才說東郭子：
「夫子之問也，固不及質。」最後莊子總結到：

―――――――――――
〔註 1〕（先秦）莊子：《莊子·知北遊》。

「周、遍、咸三者,異名同實,其指一也。……物物者與物無
際,而物有際者,所謂物際者也。不際之際,際之不際者也。謂盈
虛衰殺,彼為盈虛非盈虛,彼為衰殺非衰殺,彼為本末非本末,彼
為積散非積散也。」〔註2〕

## 空相寺山門

這裡的「際」,是「界限、區別」的意思,「物物者」指的就是「道」。莊
子認為,「周」、「遍」、「咸」這三個概念,名稱雖然不同,意思卻都是在表示
『道』普遍存在於萬事萬物之中,道與物不能分開(但卻有分別,因為道與萬
物畢竟不同),而物與物卻能分開。不能分開的區別,就是區別中的沒有區別
(因為所謂的區別,只是表象的區別,從都是道的體現這一點來說,就是沒有
區別),通常通常所謂的盈虛衰殺,所謂的盈虛衰殺就本體來說(以道觀之)
其實就沒有盈虛衰殺的區分。故莊子認為,通常所謂的本末之分就本體來說
(以道觀之)其實就沒有區分,通常所謂的積散之分就本體來說(以道觀之)
其實也並不存在。

作為最中國化的佛教禪宗,實際上是接受了「體用不二」這一中國傳統思
維的,只是「體」變成了「真如」、「佛性」。《大乘起信論》云:

心真如者,既是一法界大總相法門體。所謂心性不生不滅。一
切諸法,唯依妄念而有差別。若離心念,則無一切境界之相。是故

---

〔註2〕(先秦)莊子:《莊子·知北遊》。

一切法，從本以來，離言說相，離名字相，離心緣相，畢竟平等，
無有變異，不可破壞，唯是一心，故名真如。

「心真如者，既是一法界大總相法門體。」這裡的「一」，不是數字的一，
而是「真如」的實體，離彼此之對待，所謂「唯一無二」的意思；「總相」，是
相對於「別相」而言，指通於一切之相。「大」就是無法不收，無法不攝。「法
門」，指通過修習佛法獲得佛果的門戶，類似於通常所說的道路、方法。「體」
是指真如是一法界大總相法門的本體。這句話是說，如來藏自性清淨心不僅是
「一真法界」的「體」，體認「一真法界」也應該從自己的心入手。

《大乘起信論》的思想就源自《楞伽經》類如來藏系經典。達摩深刻地認
識到，只有從與中國傳統思想接近的佛經入手，才能將佛教弘傳開來。

## 出土的菩薩像

達摩有四個弟子，達摩認為，道副得「吾皮」；總持尼得「吾肉」；道育得
「吾骨」；慧可得「吾髓」。達摩僧團的建立，受到其他禪派的迫害。《傳法寶

記》記載達摩曾六次中毒，最後也是被毒死的。那麼究竟是什麼人在迫害達摩僧團？據史書記載，達摩的弟子慧可被「賊人」砍去一臂。與他交好，擅長講也是如來藏系經典《勝鬘經》的曇林法師也被砍去一臂。顯然鬥爭是尖銳的。唐代中期的《歷代法寶記》講迫害達摩師徒的是「菩提流支三藏」與「光統律師」。菩提流支前面我們已經提到過，是北魏遷都洛陽後的著名高僧，他曾在嵩山主持翻譯著名的《十地經論》，是地論學派的祖師級人物，在中國佛教史上聲譽良好。玄奘後來從印度歸國後，前後兩次上書皇帝，希望能到嵩山去譯經和禪定，理由是那裏是北魏菩提流支三藏翻經和禪定的地方。可見玄奘對其非常敬佩。《歷代法寶記》提到的「光統律師」，是北魏當時的僧界領袖慧光，他是律宗的先驅人物之一，持律非常嚴謹，可謂德高望重，說他和菩提流支去迫害達摩師徒，不大讓人相信。《歷代法寶記》產生的時代，距離達摩生活的北魏已經近二百年了，筆者相信作者當時只是猜測的可能性大。筆者認為，當時小乘佛教徒勢力頗大，大小乘佛教相互爭奪正統地位，其形勢猶如文革時期的「造反派」與「保皇派」，都自視為佛教正統。達摩師徒的遭遇，極有可能與小乘佛教徒有關。詳細分析可見本書《淨居寺》一章。

達摩圓寂後，弟子們將他埋葬在熊耳山定林寺，後改名為空相寺。傳聞北魏末年，胡靈太后崇信佛法，派宋雲、惠生到印度求經。宋雲在蔥嶺（今帕米爾高原）見到了死去的達摩，手拿一隻鞋子。宋雲問大師你到哪裏去？達摩回答說：「西天去！」宋雲回到中原後才知道達摩早已死去，他向皇帝講述此事，大家將達摩的墳墓挖開，發現棺材裏果然只有一隻鞋子。這就是後來禪宗津津樂道的「隻履西歸」。至於那只鞋子，《景德傳燈錄》記載說，北魏孝莊帝詔令將之放入少林寺供養，到了開元十五年（727），為佛教徒轉移至五臺山華嚴寺，後來就不知所蹤了。但仔細考究，這個傳說是不大靠譜的。宋雲從印度歸國，是 522 年的事，達摩圓寂的時間，有 536 年、532 年、528 年三種說法，不管是哪一種說法，都晚於宋雲歸國，也就是說，宋雲歸國後數年，達摩才圓寂，怎麼會引起大家的好奇，開棺驗看呢？所以筆者相信，「隻履西歸」的故事，多半是禪宗僧人的演繹。如果筆者的推論成立，則達摩的遺體應該還在空相寺！李利安教授認為，創教祖師生前譯經弘法的寺廟與圓寂後遺骨所在的寺廟都可以稱為祖庭，因此，將空相寺稱為禪宗的祖庭是成立的。

達摩的楞伽禪是在不斷南遷的過程中逐漸崛起，達摩的弟子為何不斷南下？與當時的社會背景有關。首先是北魏宣武帝元恪，於永平五年（公元 508

年）在國都洛陽設立譯場，菩提流支、勒拿摩提分居相州（今安陽）北道與南道，創立了地論宗。培養出了慧光、慧遠等一批傑出的地論師，這些地論師常常在官府的支持下，打擊異己的佛教流派。這種做派後來長時間在嵩山地區存在。其次，北方分裂的北齊與北周經常戰亂，導致許多難民南逃。第三，公元577年，北周武帝宇文邕，攻破北齊國都安陽，下令全境滅佛，僧人四散奔逃，其中多數和南下的流民裹挾在一起向南方遷徙。

達摩這類楞伽師，沒有皇室的支持，他們流落民間，行蹤不定，靠神跡吸引信眾，他們的住地常常只是一間茅蓬，一個山洞，沒有寺廟，沒有山門，不建寺塔，不塑佛像，不守戒律。他們強調自己耕作，也部分依靠信眾布施，他們一般不依附權貴，也不遊走於都市。這使得禪宗一開始就顯得非常獨立，不過分依靠政府的勢力，因而生命基因非常強大。

筆者有幸蒙延慈法師所約，得以拜訪空相寺，從三門峽老汽車站出發，乘坐往西李村鎮的班車，差不多兩個小時才到，空相寺的位置非常偏僻，但山不在高，有仙則靈，空相寺有著名的菩提達摩祖師長眠於此，也由此成為地位獨特的中國佛教寺廟。

## 二、空相寺的歷史

空相寺原名定林寺，又稱熊耳山寺，傳說始建於東漢永平年間，與洛陽的白馬寺同期建造，位於河南省三門峽市陝縣西李村鄉境內的熊耳山下，距三門峽市區53公里。公元538年，由積庵禪師籌辦，在空相寺內建造了達摩靈塔和達摩造像碑，現存於空相寺的《達摩造像碑》，為魏元象元年（公元538年）所立，碑高1.2米，寬0.5米。碑正中刻達摩大師站像，法師頭罩祥光，寬袍大袖，形象生動傳神，碑右上側刻一偈語為：「航海西來意，金陵語不契，少林面壁功，熊耳留隻履。」用四名話就概括了達摩的生平。

據說梁武帝後來聽到了達摩的神跡，後悔自己錯過了大師，也給達摩造碑，空相寺內現存有《菩提達摩大師頌並序》，傳說就是梁武帝所寫的頌文：

> 我聞滄海之內有驪龍珠，白毫色，天莫見，人不識，我大師得
> 之矣。大師諱達摩，云天竺人也。莫知其所居，未詳其姓氏。大師
> 以精靈為胄，陰陽為器，性則天假，智乃神與，含海嶽之秀，抱凌
> 雲之氣，類鄔陀身。子之聰辨若疊磨弗利，之博聞，總三藏於心；
> 河蘊五乘於口，海為玉□久灰，金言未普誓。

### 傳說為梁武帝所立之石碑

　　我聽說滄海裏有驪龍寶珠，白顏色，天人不識，大師得到了它。大師的名字叫達摩，都說是印度人，但沒有人知道他住哪裏，也不知道他姓什麼。大師秉陰陽二氣的精華，有神靈賜予的靈氣，他的聰辨猶如曇磨弗利，他的博聞，能盡收經、律、論三藏於心。他就像大江大海那樣無所不收，無所不有，都是難得的至精至明的道理。

　　傳師化天竺，東來杖錫於秦，說法如鬧市之煬炬，若明月之開；雲聲震華夏，道邁今古。帝后聞名，欽若昊天，於是躍鱗慧海，振羽禪河，法梁天橫，佛日高照。爾其育物也，注無雨雨，灑潤身田，說無法法，證開明理。指一言以直說，即心是佛，絕萬緣以泯，相身離眾生，實哉？凡哉？空哉？聖哉？心無也，剎那而登妙覺；心有也，曠劫而滯凡夫。有而不有，無而不無，智通無礙，神行莫測，大之則無外，小之則無內，積之於無，成之於有，我真教爾。平於時，奔如雲，學如雨，果少花，而多其得其意者，唯可禪師矣。

傳說大師原來在印度弘法，後來向東到中國，講法就如同晚上鬧市裏的火炬，像太陽和月亮那樣將周邊的黑暗照亮，他講的道理震動華夏，將傳承今古。皇帝和皇后都聽到他的名聲，對他非常欽佩，於是大師在智慧與禪定兩個領域馳騁，使佛日高懸於華夏。達摩大師弘法，就像雨水那樣灑落心田，讓人明白他說的道理。大師用「即心是佛」這句話來總持自己的禪法。心體不隨萬緣而生滅，與眾生不一。它究竟是有形的還是無形的？是神聖的還是凡俗的？心若寂滅，剎那間就可以得到佛智；心若攀緣萬象，歷經萬劫還是凡夫。「道」既不能說是有，也不能說是無，它的智慧無邊，神行莫測，大到沒有邊緣的宇宙，小到不可分的粒子，從無中生有，就是佛教的玄妙。平時表現平和安靜，行動時則猶如奔雲，教學時觀點如雨而下，成就很多，能夠做到這些的，就是我們的達摩禪師。

> 大師乃舒容而歎曰：我心將畢，大教已行，一真之法，盡可有矣！命之以執手，付之以傳燈。事行物外，理在斯矣。意之來也，身之乎？意之行也，身之去乎？嗚呼！大師可謂壽逾天地化，齊日月，使長流法海，洗幽冥而不竭；永注禪河，滌樊籠而無盡。豈謂積善不佑，皇天何辜！

大師（教會了諸多弟子後），放心的說：我將要走了，佛教已經能夠在中國弘揚，佛教的真諦，已經有人繼承。他拉住弟子的手，將弘法的大業託付給他們。世間萬物變化不居，但其精神則恒常不變，意識來時，成就肉身；意識走了，身體也跟著消失。哎呀，大師真可謂壽命與天地同化，與日月爭輝，用佛法的大海，洗去幽冥的黑暗，永遠不會停止，法師所教導的禪觀，能永遠幫助弟子們洗滌煩惱的纏繞。法師做出如此大的貢獻，卻得不到上天的護佑，皇天啊，你怎麼忍心讓他逝去！

> 月闇禪庭，風迷覺路，法梁摧折，慧水潛流，夜壑藏舟，潮波汩起，何圖不天！俄然往矣，神色無異，顏貌如常。其實也，地物變白，天色蒼茫，野獸鳴庭，甘泉頓竭。嗚呼！無為將來，有為將去，道寄茲行，示現生滅，以梁大同二年十二月五日，終於洛州禹門，未測其報齡也。遂塋葬於熊耳吳阪矣！於是門人悲感，號動天地，泣流遍體，傷割五情，如喪考焉，如喪妣焉！生徒眼滅，傷如之何！嗟乎！法身匪一，不現無方，骸葬茲墳，形遊西域，亦為來而不來，去而不去矣！非聖智者焉，得而知之乎！

　　月光照在法師的禪庭，大風卻吹迷了覺路，弘法的大樑斷了！智慧之水不再能高揚，渡河的舟船被藏了起來！解脫之路上潮波汩起，法師你卻走了！你悄悄的離去，神色無異，相貌沒有改變。當時天降大雪，萬物變白，天色蒼茫，野獸們都在嗚咽悲鳴，泉水頓時枯竭。哎呀，法師的有為之身將要離去，無為之神將要到來。法師將佛法傳到漢地，就示現生滅，於梁大同二年（536年）二月十二月五日，在洛陽龍門圓寂。我們不知大師的年齡，就將他的遺體葬到熊耳山下，弟子們都很悲傷，哭聲感動天地，就像死去了父母一樣，眼睜睜的看到敬愛的師傅去世，那是多麼讓人難過啊！哎呀，法身不是一個，到處都能示現，法師的骸骨埋在熊耳山下，精神卻回到西域，這就是佛經上說的來而不來，去而不去的道理吧！不理解佛教的智慧，誰能知道這些呢！

出土的菩薩像

2006.01.14 02:51

　　朕以不德，忝統天業，上虧陰陽之化，下闕黎庶之歡，夕惕勤勤，旰（gan，天晚）不暇食，萬機之內，留心釋門，雖無九對之儲，

以積群生之福，緬尋法意，恒寄茲門，安而作之，精矣！妙矣！傳之耳目，乃大師苗裔也。嗟乎，見之不見，逢之不逢，今之、古之、悔之、恨之！朕雖一介凡夫，敢以師之於後，來獲現生之得，既有當來之因，不以刻石銘心，何表法之有？也亦恐天變地化，將大教之不聞，式建鴻碑，以示來見，乃作頌曰：

我沒有德行，勉強執掌天下，對上有負陰陽的變化，對下不能給予臣民以歡樂。但我勤勤懇懇，天色晚了還不敢吃飯，在日理萬機的閒餘，學習佛法，雖沒有太多的積累，能夠迴向給眾生，但追尋法意，一直學習下去，也能體會到佛法的精妙，發現所學的佛法，正是大師所傳授，因而我也是大師的弟子。哎呀，見到了你卻錯過了你，我感到非常悔恨。我雖然只是一介凡夫，但卻得到法師的點撥，既然有這個因緣，不把自己的一點思念寫到石頭上，怎麼能安心！我也擔心天變地化，將來的人不瞭解大師的功績，於是寫成頌文，以示來者。

楞伽頂上生寶月，中有金人被縷褐（he，褐色衣服）。形同大地體如空，心如琉璃色如雪。匪磨匪瑩恒淨明，被雲霧卷心且徹。芬陀利華用嚴身，隨緣觸物常歡悅。不有不無非去來，多聞辯才無法說。實哉空哉離生死，大之小之眾緣絕。剎那而登妙覺心，耀鱗惠海超先哲。理應法水永長流，何期暫湧還暫竭。驪龍珠內落心燈，白毫惠刃當鋒缺。生徒忽焉慈眼閉，禪河駐流法梁折。無去無來無是非，彼此形骸心碎裂。住焉去焉皆歸寂，寂理何曾存哽咽。命之執手以傳燈，生死去來如電掣。有能志誠心不疑，劫火焚燒斯不滅。一真之法盡可有，未悟迷途茲是謁。

梁大同二年歲次丙辰十二月十五日御製

頌文是：寶月升起在楞伽山頂上，有個金色的人穿著褐色的衣服坐在上面，他的身體如大地一般虛空，心如琉璃一樣雪亮。心體不用磨不用搽就永遠淨明，即使是被雲霧遮蔽也不改變。天花落在他的身上，他無論遇到什麼事情都能沒有煩惱。他不去不來，不有不無，多聞善辯，卻不多說。他已經脫離生死，超越三界的牽絆，剎那間得到佛智，超越先哲。他所傳授的佛法會永遠流傳，不會斷絕。可是，就像驪龍珠遭到了火燒，白毫光斷了光芒，法師忽然閉上了雙眼，弘法的大樑就這樣摧折。法師你從此無來無回，再沒有是非糾纏，我們這些弟子們卻心膽俱裂；你不管是去還是留都已寂滅，卻不再管我們傷悲

的哭泣聲。你曾拉著手囑託我們弘揚大法，轉眼間你就如電般逝去，如果有誠心立志學習和弘揚佛法，就算是劫火焚燒也不會毀滅，佛法真諦都可以得到，沒有覺悟的人就應該學習達摩法師的禪法。

唐武宗滅佛時期，空相寺以及達摩塔被毀滅。《再建圓覺塔志》記載當時的情況：「月闕其圓，天之道也。武皇帝謂真諦不可以相取，密跡不可以像設，徒使動盪清淨，泉藪昏晦。會昌癸亥歲，遂詔廢釋氏。於是率土塔廟，鞠為丘阜，大師銘志，亦隨湮滅。碧空鐘梵，與霜露而俱銷；金地松筠。掩荊棘而無類。」據說唐宣宗曾逃到寺院中避難，當上皇帝後大力支持佛教，大中四年庚午年（850 年）八月十三日，詔令河南尹河東公再建達摩塔。大中七年（853年）建成，陳寬題寫了碑文。

2004 年 2 月 29 日，空相寺在春季植樹時，在地下挖出了一塊唐碑《汾陽王置寺表》。它是郭子儀之後郭琪所立，當時郭琪出任河南府永寧縣縣令，於大中十二年（858 年）到空相寺朝拜，獲悉當年其曾祖郭子儀曾修繕空相寺，為了紀念這個事情，就於當年九月立下了這塊碑。這份珍貴的文物給我們提供了空相寺在唐代的一些情況。碑文如下：

> 故尚父汾陽王奏達摩祖師謚號、寺額、塔額、度僧表並中書門
> 下牒及牒、寺牒；河南府永寧縣界熊耳山下達摩禪師塔院，徵事郎
> 首、永寧縣令桂次武，大中十二年九月□□日到任，方始建。

我的祖上汾陽王郭子儀，上奏朝廷給達摩祖師謚號、寺額、塔額、度僧表以及中書門下省的牒文。河南府永寧縣熊耳山下達摩禪師塔院，徵事郎首、永寧縣令桂次武（即郭琪），大中十二年九月到任，才開始建立此碑。

> 右臣伏以：達摩禪師自西方傳法至中國，為禪門第一祖師，闡
> 化梁朝後，至河南府□□寺滅度，葬於熊耳山下，遺塔見在。其所
> 著履，化為神泉，其所持杖，變生一樹。空中鐘梵，往往得聞。三
> 百餘年，靈驗不絕，為遠近所知。自經聖代，未蒙旌異。臣往年曾
> 到塔院，親禮聖蹟，及收東京，身雖不往，心發至願，倘禪師福佑，
> 俾綏（fu）氛殄（tian）滅，國步再安，必當上聞，特加崇飾。今若
> 緘默，有負曩（nang，以前）誠。臣子之情，伏希聖察。特望天恩，
> 加達摩禪師謚號，並贈寺額塔額，度柒僧庶，上資景福，下遂愚衷。
> 謹錄奏聞，伏聽敕旨。大曆七年（772 年）十一月二十五日關內河東
> 副元帥、司徒兼中書令、汾陽郡王郭子儀奏。

傳說中的達摩墓室

　　郭子儀奏上：達摩禪師從西方來到中國傳法，為禪門第一祖師，在南梁闡
化後，到河南府滅度，葬於熊耳山下，遺塔現在還在。法師所穿的鞋子，化為
神泉，他所持的木杖，化為一樹。自從法師埋到此地後，空中常有鐘聲與梵音。
三百年來，靈驗不絕，為遠近所知。但進入唐代以來，並未得到朝廷的恩賜。
臣往年戡亂時曾到達摩禪師塔院，親自禮拜聖蹟，等到收復東京洛陽，雖然不
能親自前往，心裏發下誓願：如果達摩禪師保佑，等到戰亂撲滅以後，國家再
次安寧，我一定上奏朝廷，給達摩禪師的塔院加以修葺裝飾。如果今天不上奏
朝廷，就違背了當時的誓願。臣下的表請，希望皇帝能夠理解，也希望皇帝陛
下降下天恩，給達摩禪師以諡號，並贈與寺額己的奏文，等待與塔額，度七名
僧人，對上能增加對朝廷的護佑，對下能滿足臣下的願望。現在我呈上自陛下
的敕旨。772 年郭子儀上奏。
　　中書門下牒關內河東副元帥牒：奉敕達摩禪師宜賜諡號圓覺，
寺額為空相之寺，塔額為空觀之塔，余依牒至准，敕故牒。大曆七

年（772年）十二月十二日牒。中書侍郎平章事元載、門下侍郎平章事王縉、兵部侍郎平章事李使、司徒兼中書令在使院。

中書門下省下牒文與關內河東副元帥：奉皇上的敕令，達摩禪師賜諡號圓覺，寺額賜為空相寺，達摩塔賜名為空觀塔，其他度僧等事情，都准奏。

最後，郭珙交代了樹立此碑的緣由：

> 祖師塔院顯祖忠武公大曆中特奏聞崇飾。珙九年夏，敕授此邑宰。至止月餘，亟造塔下，而上舊章，帝賜批答，悉錄自藏於塔室內。跽（ji，長跪）獲，稽首捧閱，再周伏睹弘道尚教之旨，而憂國之誠，形於至願。雖□響內，不忘竭誠之懇，煥乎懿烈，扇赫今古。珙謬宰茲地，獲睹遺芳，敢不發揮聖德，期乎不朽。謹用勒諸貞瑉，以垂永永，冢孫朝議郎行河南府永寧縣令珙記。大中十二年九月□□日建，刻字楊紹。

達摩祖師的塔院蒙先祖郭子儀於大曆年間上奏修繕。我於大中九年夏（855年），到永寧縣出任縣令，到這裡一月多，發現達摩塔下藏有先祖郭令公的上奏舊章、皇帝的批答。我長跪著翻閱這些先祖留下的資料，看到祖上弘揚佛法、尊崇佛教的宗旨，憂國的誠心，在他的奏摺中都顯示了出來。雖然先祖郭子儀盛名響於海內，卻不忘自己立下的誓願，其忠懇彪炳古今。我現在恰巧到此地做官，看到先祖的遺物，怎能不發揮先祖的聖德，讓它不朽呢！就將之刻於石碑上，期望它能傳至永遠。郭珙於大中十二年九月建。

這塊碑的背面，是記載當時空相寺的佔地範圍，並記載當時空相寺有水磨兩盤。時間是大曆八年三月（773年）。也就是說，碑的正面與反面記載的並不是同一件事情，時間也不一致，相差85年。由上可知，大曆七年十二月十二日，唐代宗的批文下來，同意郭子儀的請求，第二年的三月空相寺就有新碑。顯然，空相寺的這塊大曆八年的碑，正是為了紀念皇帝賜恩的盛事。那麼，為何郭珙要把此碑的正面磨去，在上面另寫碑文呢？難道堂堂一個縣令，還出不起一塊碑的錢嗎？顯然不是，我們猜測，可能經過唐武宗的滅佛運動，大曆八年的這塊碑，正面被毀，所以郭珙就將正面磨平，另寫了碑文。

史書記載，郭子儀收復洛陽是兩次，一次是757年10月郭子儀收復洛陽，後來洛陽再陷於史思明，第二次收復洛陽是762年。郭子儀上書請求皇帝賜恩於空相寺，時間是在772年，中間至少有十年的間隔。郭珙親自看到過當時的奏文與批文，時間應該不會有錯。

那為何郭子儀十年後才想起這段往事呢？也許和當時禪宗崛起有關。當時禪宗南宗高僧神會北上，與北宗僧人辯論，並獲得成功，神會也曾利用自己的影響力，為政府軍籌集軍費。安史之亂後，禪宗僧人異常活躍，可能與郭子儀有交往，郭子儀可能在與他們的交往中，想起了多年前自己所發的誓願，這才上書請求唐代宗賜恩的。

宋元時期空相寺的情況不詳，但無疑一直是存在的。我們只知道元代忽必烈至元年間，少林寺月照長老的弟子曾住持空相寺。元代初年，少林寺福裕大師在佛道辯論中獲勝，得到朝廷的支持，中興少林寺，可能接管了空相寺。如此，則至少在元代，空相寺已經有曹洞宗的傳承了。現在空相寺出土有至元三年歲次（1266）九月一日所立的《宣授少林住持月照長老之塔》的塔銘。少林寺也有月照長老的塔銘，只是時間上是至元四年。由此可知，空相寺當時是分了一部分月照長老的舍利而在寺內建塔的。

明代洪武二十八年（1395 年），達摩塔進行過一次修葺，《重修菩提達摩大師塔銘並序》先介紹了達摩的生平事蹟，交代修葺的目的是「恐以後顛危」，「立之，當使人見祖公之常在；行尋達者，豈無來得遇知音，方識吾師之非去，為成佛氏窣堵波，請此龐公無盡藏，鳩茲鴻□，仰贊皇國者矣。」由此可知，此次修葺的主要是達摩塔，擔心寶塔倒塌，讓後來者能夠瞻仰達摩聖蹟。主持修繕的是當時的住持壽庵。碑文由龍門寶應禪寺退隱妙峰□□撰寫，安國禪寺維那本澄潤筆。碑的背面，是出資者的名字。主要有陝西都司同知王英、趙興；中護衛僉（qian，都，全部）事、後衛指揮胡□□；西安府副都綱□泉；延安府僧綱法昉；華州僧正廣超；同州僧正善□；富平僧會覺澄；朝邑僧會志靈；藍田僧會德銘；渭南僧會定連；河南府副都綱栢庭；陝州僧正藏舟；靈寶僧會陵峰、許德成；都司趙普能；都司舍人趙華、趙普通；潼關衛前所百戶李覺福；陝西在城臥龍禪士；終南山普光吉祥禪寺；華州永慶禪寺；部陽□□禪寺，安國寺住持鐵山；興國寺住持常添；白馬寺禪寺監寺南山；月山禪寺監寺守才；本山知事、監寺了一；首座了清；侍者本政、本淨、本智、本達；俗徒趙本源；典坐本宗；磨主本交；張本應。

從這份施捨的名單上可以看出，空相寺當時的交往範圍，主要是河南西部和陝西中部，北到延安府，西到西安府，東到洛陽或開封。捐助者的級別較高，官員不少，顯示空相寺在明初應該是頗有影響力的大寺。

明景泰五年（1454），空相寺重新修繕了達摩殿，《菩提達摩圓覺大師碑》記錄了當時的情況。明世宗嘉靖年間，重修轉角樓和部分殿堂，嘉靖四十二年（1563年）所立的《重修空相寺轉角樓碑》，記載了當時的情況。

大明萬曆年間，無言道公重修過空相寺。《重修熊耳山空相寺記》給我們介紹了當時的情況：

　　二山巍巍崎立者，名熊耳山，空相寺在焉，蓋為初祖達摩脫化之所。姑無知建自何時，則中有佛殿，僧洪建鐘樓，真有□碧達雲之勢，規模宏大，觀者奪目，自茲去，盛祝少林。僧洪慧源廣炎，毗盧閣五間，□□之周，耗日甚久。有言：□□氏謂毗盧閣，窒礙風氣，於寺不妥，以故殿未成就，遂中止。□□復修之者，□□已酉歲□□，至於此，倘不大有興，□□，齊補墜，眾將無子遺也。□修之，遂請合山眾，條書經，營議……廣平□至苦心勞……任焉，……能於鐘樓之所未性者，上以鐘□餘層層皆列，神以堅之，去數數武文，起白衣觀音閣而……，所以達鐘樓之性徃（wang，同「往」）來，改修西廊，會……外，新位羅漢以翼之，此非直妥，神靈皆□，以補鎮左隅，扶青龍也。其功願不偉哉？他如……，取其當常鴻者，便堂階以石簷護，……觀之，一功耶。

　　工始於庚戌菊月，竣於壬子季冬，將代石勒名焉。不妄為紀其事，不妄思佛氏家，四大六欲為安，有以根塵境識為……，目宏妙明，方成正覺。又聞姚秦時，鳩摩羅什即就涅槃，復用其屍。由此觀之，佛盡於空□，不有其身矣，又何貴此希像崇宇之，……此者，何也？蓋人心有所觸則動，不觸則不動。見戈矛思戰。聞……，入廟思哀，見賓思敬，此必至之情爾。上乘玄解之人，佛即心，心（即佛），彼歸□為用此。唯夫中智之人，慧性未聞，尚須象軌，……機滅也，……，作此果者，或亦有觸象提機，意此，倘能……，永斷塵想，則今者□建立，猶如金地，□□為功德，梵誦為因果，起妄念於輪迴，借慈悲為境界，以頑空無論儒者，皆識即如來牟尼，不……教矣，化僧……不勒□，其意在斯爾，特書以記。壬仲冬。

從碑文中可知，明代僧洪曾主持過大規模的重建工程。他所建的鐘樓，「規模宏大，觀者奪目」。僧洪可能來自少林寺，因為碑記講，鐘樓建成後，「盛祝

少林」。僧洪還計劃建立毗盧閣五間，但中途為風水師告知，所選之地風水不好，對寺廟不好，故中途而止。

## 空相寺春季文化廟會盛況

碑文所記的這次修繕，原因是「倘不大有興，齊補墜，眾將無子遺也」，即房子再不修繕，將會倒塌。本次修繕規模較大，鐘樓重新維修，從白衣觀音閣到西廊，甚至重新設置羅漢像，用來充實左隅，原因是「扶青龍也」。可見，當時寺廟的建築是按照「左青龍，右白虎，南朱雀，北玄武的風水原理設計的，反映了明代中後期的建築理念。

碑文明確反映了禪宗僧人「非偶像崇拜」的觀念。作者說，佛法本身是重視智慧而輕視物質的。那麼為什麼還要建立佛像呢？並不是認為此佛像本身為神靈，而是因為「人心有所觸則動，不觸則不動」，對於上解之人來說，明白禪宗所講的「心即佛，佛即心」的上乘佛理，但對只有中智的人來說，由於他們「慧性未聞」，尚需要用佛像這些儀軌來引導，也許能通過佛像來逐漸引導他們理解佛理。有些攻擊佛教為頑空的儒者，譏諷「心即佛，佛即心」的禪宗信徒都是釋迦牟尼，建立佛像也是教化他們的需要。

清代距離我們較近，留下的資料更多些。清康熙二十七年（1688），重修過空相寺藏經樓，現存有《重修藏經樓碑記》。康熙四十四年（1705），重修了水陸庵，現存有《重修水陸庵碑記》，可見當時水陸道場在當地頗為興盛。清雍正十一年（1733年）重修過空相寺，現存有《重修熊耳山空相寺碑記》。清

光緒二十九年（1903），重修過空相寺，現存有《菩提達摩大師頌並序》，限於篇幅，不再一一介紹。

### 空相寺第十三屆達摩祖師紀念大典盛況

據延家法師《達摩與空相寺》一文介紹，清代以來，空相寺按照當時流行的輩分傳承，其傳承次序為：「清靜真如海、妙諦常堅固；德行利元恒，湛寂醇正蘇。」鴉片戰爭（1840）前後，有叫釋寂盈的方丈，就是李村鄉界牌溝人。解放前，寺內還有僧人十幾名，「醇」字輩有釋醇蓮和釋醇貴，2001 年時，醇貴的弟子釋正修尚健在，時已 87 歲。第二十輩「蘇」字空相寺中斷無傳。

延家法師講，寺內曾有七尊大型銅像，其中釋加牟尼佛五尊、彌勒佛一尊，達摩像一尊。釋迦牟尼銅佛，解放前被盜洛陽，追回後轉放於李村鄉政府禮堂，1968 年被毀。千佛殿內有一尊巨型彌勒佛像，坦胸露腹，笑口常開，解放前被盜賣。達摩殿內有一尊達摩銅像，轉放在柳溝村，1964 年被毀。寺內原有三國時期魏帝曹奐景元三年（公元 262 年）鑄造的一口大銅鐘，也被毀掉。

2001 年，釋延慈法師受少林寺永信法師的重託，來到只剩下「三碑一塔」的空相寺擔任住持，由此開始了空相寺的恢復工程。十餘年來，空相寺面貌煥然一新，重建了山門、釋迦殿、觀音殿、地藏殿、方丈室、齋堂、達摩墓、客堂、西歸堂等重要建築，大雄寶殿也正在恢復之中，已經初具雛形。延慈法師為空相寺的中興奠定了物質基礎，做出了巨大的貢獻。

2002 年，在上級主管部門的支持下，恢復了每年農曆十月的達摩祖師紀念大典，這是在明清時期形成的，每年在達摩圓寂的農曆十月初五，舉行規模

宏大的紀念活動，內容主要有民俗文化展示，地方戲劇表演、書畫展覽、水陸法會、武術大賽等精彩內容，歷時十天。

2008 年農曆 3 月 22 日（農曆二月十五日），應當地群眾的極力請求，地方政府批准，空相寺歷史悠久的春季文化古廟會也正式恢復，豫、陝、晉方圓幾百里的信眾都到空相寺朝聖，商人們也將各種商品擺到空相寺門前祖師大道兩邊，各種民間藝人也紛紛獻藝，腰鼓隊、大鼓隊、秧歌隊、嗩吶表演、雜技、武術等民俗文化表演也紛紛前來助興，歷時五天。期間，空相寺也會進行拜懺、放焰口等法師活動。延慈法師講，春季文化古廟會和秋季的達摩祖師紀念大典同樣重要，兩大盛會最大的區別在於春季文化古廟會更加體現了百姓的參與和與民同樂，各種形式的慶祝活動都展示出了濃郁的地域文化特色；而達摩祖師紀念大典則側重於佛法的講座與弘傳，對達摩祖師的紀念與研究。

迄今為止，空相寺已經舉辦了十三屆達摩祖師紀念大典，2015 年 11 月 26 日（農曆十月初五），筆者有幸獲邀參加了第十三屆達摩祖師紀念大典，場面非常壯觀。為了研究達摩文化，空相寺成立了達摩文化研究會，下設達摩文化推廣院、達摩禪修院、達摩禪畫院、達摩慈善院、達摩禪武院、達摩醫宗等。2002 年還創刊了《空相寺》雜誌，受到各界好評，2005 年建立「達摩禪文化網」作為空相寺的網站。

據延慈法師介紹，空相寺的建設方興未艾，將來還要建設壯觀的達摩文化廣場、水陸堂、文殊殿、普賢殿、藏經樓、緊那羅王殿、祖師殿、七寶蓮池等等。我們期望著早日看到延慈法師的願望實現。

# 第八章　三階教的發源地——寶山靈泉寺

　　安陽是中國著名的六朝古都之一，保留有眾多的文物遺址，除了名震天下的殷墟之外，就是靈泉寺石窟有名了，這裡是中國歷史上赫赫有名的三階教的發源地，華嚴宗、律宗、唯識宗的醞釀也與此地有很深的淵源。

## 一、三階教的發源地

寶山靈泉寺山門

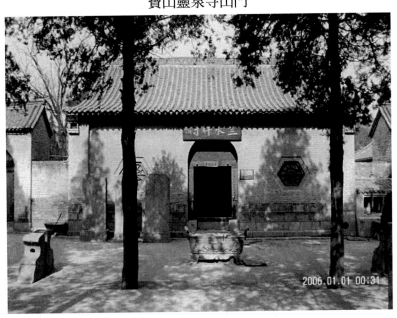

　　三階教是發源於北朝，興起於隋代，盛行於唐代，衰落於唐末的著名佛教宗派。其創立人為信行法師。信行於公元 540 年生於東魏今河南濮陽清豐一

帶，俗家姓王。自幼心地善良，四歲時見牛拉車陷於泥中，哀憫牛的辛苦竟至於流淚。至於中年則思想成熟，認為應當傚仿《法華經》裏的「常不輕菩薩」，普敬眾生，親執勞役，故自願捨去一些戒律，因為按照佛教戒律，寺廟裏諸如掃地服侍等的雜活都是由沙彌完成的，已經授予具足戒的僧人是不能做這些事情的。

信行大約於天寶七年（557年，17歲）以後在相州（今安陽地區）開始了創教活動。他的主要思想有以下幾點：（1）三階末法思想。信行從時間上將佛教分為正法時期（佛滅500年），行小乘佛教；像法時期（佛滅500年至1000年），行大乘佛教；末法（佛滅1000年後），應行普法。末法時期，人性濁惡，應當禮懺地藏菩薩。這就是所謂的「三階」劃分。（2）強調自己為當根佛法。三階教認為，末法時期的人處於穢土，根器太差，已經當不起初階與二階佛法。所以，類似淨土宗、華嚴宗、天台宗、唯識宗的佛法都是「二階佛法」，已經過時，與當下末法時期人的根器是不適應的。（3）普佛思想。三階教不只崇拜某一個佛，反對念一佛一名一經的，而是崇拜所有的佛，其代表性的經典是《七階佛名經》。（4）抬高釋迦牟尼佛與地藏菩薩。信行在《三階佛法》中提出，現在是五濁諸惡世界：「釋迦牟尼佛、地藏菩薩摩訶薩為上首，等合舉之。」（5）普敬思想。認為既然人人皆有佛性，則人人都有成佛的可能，因此要傚仿《法華經》裏的常不輕菩薩，普敬眾生。（6）林葬。這是三階教非常明顯的特徵。即僧人圓寂或信眾死亡後，將屍體放到野外，布施給鳥獸，被認為是最後一次布施。也有所謂瘞窟，即將屍體放入山洞，洞口半堵，留下一個口子給野獸進出。（7）無盡藏。要求信眾每日都要捐贈，按照經濟實力或每天一粒米，或每天一文錢，一直延續，聚少成多。然後拿這筆錢修建寺廟，賑濟貧民，贍養僧團。（8）忍辱苦行，看重布施、捨財、禮懺、乞食。三階教僧人必須經歷乞食養活自己的階段。

信行可能年輕時患有心勞損，不適合坐禪。佛經浩如煙海，理論博大精深，他似乎也適於長久坐下仔細研讀學習與注疏。如果是一般僧人，肯定是無法出頭的。然而信行有宗教家獨特的性格理念，他有百折不回的宗教熱情，有親力親為的實踐精神，有與信眾溝通的天然魅力，有與官方打交道的各種技巧。這些難得的氣質讓他最終成為了一代宗師。

靈泉寺唐代雙石塔之一

如信行自序：「自從十七歲以來，求善知識，至今四十八歲，積滿三十二年，唯得相州光嚴寺僧慧定，并州嚴淨寺道進，魏州貴鄉縣王善行，趙州瘦陶縣王善性四人。」〔註1〕宣傳自己的主張三十二年，才僅僅獲得四名信眾，可見信行的創教並不順利。但毫無疑問，他的這些努力雖未獲得眾多信眾，但確實擴大了自己的知名度。

轉折在開皇初年（581 年）：「開皇初，左僕射高熲，聞其盛名，奏文帝。徵詣京師，住公所造真寂寺。」高熲為隋初最有名的宰相，主持修建了大興城（長安前身），將自己的家宅施捨為真寂寺。他向隋文帝舉薦信行法師，但信行法師是在開皇九年才去長安的。後於唐高祖武德二年（619 年）改名為化度寺，信行為寺主。後大興城又有光明寺、慈門寺、弘善寺、慧日寺等基本為三階教的寺廟。高熲的夫人也捐建了「積善尼寺」，也是三階教的寺廟。京師三階教徒有了很大發展，信行被尊為「五禪師」。

〔註 1〕敦煌殘卷《信行遺文》（S2137）。

　　開皇十四年（594年）正月四日，信行圓寂，享年五十四歲。按照生前的遺囑，埋葬在終南山下天子峪鴟鳴埠。因此地飛鳥眾多，是林葬的好地方。其後，他的弟子信眾將剩下的遺骨收集而成塔供養。後來形成百塔寺。

　　三階教的發展並不順利。信行法師圓寂六年後，隋代開皇二十年（公元600年），三階教就遭遇到了第一次行政干預。開皇十九年高熲罷相，第二年三階教就遭到了止禁，或許與三階教的大護法高熲失勢有關。不過，根據張總教授的分析，這次只是禁斷部分經典的流通，如《對根起行雜錄》與《三階集錄》等，並未對三階教帶來太大的傷害。

　　唐高宗時期三階教的發展達到頂峰，富甲天下，但受到武則天和唐玄宗的限制，但安史之亂後三階教再次勃興，到唐末亂世，其聚集的財力成為軍閥和起義軍的獵物，沒有了財力支持，三階教才消沉下去，終於淹沒無聞。

　　從上面的介紹可知，三階教的創教人信行法師，在四十一歲之前都在安陽地區從事宣教活動，並取得了一定的成績。顯然，信行法師的思想並完全是自己的獨創，他的思想應該是鄴城地區佛教思想的一種反應。著名的佛教學者湯用彤就曾經這樣評價：「三階教雖興於隋代，然實北朝流行之信仰所產生之結晶品。」〔註2〕

　　北朝時期安陽地區已經有類似於三階教的思想流傳。

　　首先就是末法思想。在靈裕法師所造的大住聖窟外壁，刻有《大方等大集經》第55卷《月藏分》的經文。

　　《月藏分》宣揚了末法思想，第17分《閻浮提品》中這樣講：

　　　　爾時，世尊告月藏菩薩摩訶薩言：「了知清淨士，若我住世，諸聲聞眾，戒具足、捨具足、聞具足、定具足、慧具足、解脫具足、解脫知見具足，我之正法熾然在世；乃至一切諸天人等，亦能顯現平等正法。於我滅後五百年中。諸比丘等，猶於我法解脫堅固。次五百年，我之正法、禪定三昧得住堅固。次五百年，讀誦、多聞得住堅固。次五百年，於我法中，多造塔寺得住堅固。次五百年，於我法中鬥諍言頌，白法隱沒，損減堅固。了知清淨士！從是以後，於我法中，雖復剃除鬚髮，身著袈裟，毀破禁戒，行不如法，假名比丘。如是破戒名字比丘，若有檀越捨施供養、護持養育，我說是人猶得無量阿僧祇大福德聚。何以故？猶能饒益多眾生故。」

〔註2〕湯用彤：《漢魏兩晉南北朝佛教史》下冊，北京：中華書局，1983年，第588頁。

大住聖窟內所刻的《大集經‧法滅盡品》經文

　　《月藏分》中，釋迦牟尼告訴月藏菩薩，自己在世時，佛法無憂；自己涅槃後五百年，佛法仍然堅固，再有個五百年，佛法仍然繁盛。佛滅後的第三個五百年，讀誦佛經的前提下，佛教仍可維持。佛滅後第四個五百年，多造佛塔，佛教仍可維持。佛滅後第五個五百年，佛教僧團中就就鬥諍不已，僧團中假和尚敗壞佛法，他們身穿著僧衣，剃著光頭，卻不守戒律，他們會動搖佛教的根本。在這種情況下，如果有人還能給僧人施捨、供養，就有大的福德，因為這是對佛教的最大支持。北朝時期距離釋迦牟尼辭世只有一千年，按照釋迦佛的說法，佛教應該是穩固的。但從北魏拓跋燾的滅佛開始，僧人就認為末法時代已經到來，加之亂世人命朝不保夕，社會中彌漫著濃重的末世觀念。信行法師將佛滅度後的劃分為正法、像法、末法三個階段，就是對《月藏分》的繼承與改造。

## 大住聖窟

在大住聖窟的內壁，刻有《大集經·法滅盡品》經文，描述佛滅度後，佛法瀕臨滅亡時的狀況：

> 於我滅度後，佛法欲滅時，所有出家者，而無有慚恥。遠離功德智，懈怠不精進，捨道學世業，不樂持禁戒。愚癡與俗交，多言復無羞，貪取佛僧物，染著五欲樂。如是比丘等，資生與俗同，疑惑多貪財，邪淫怒嫉妒。見住蘭若者，說其諸過惡，不樂讀誦經，嗜睡多喜鬥。如是等沙門，厭賤禪蘭若，堅著於惡事，自高輕蔑他。沙門及俗人，慳貪不捨施，啖食佛僧物，多遭種種病，無有慈愍心，少力惡喜鬥。以是天不雨，潤澤悉枯涸，飢饉遍世間，果實無滋味。乏少於飲食，瞋諍相侵奪，造十不善業，少福無供養。法味不純厚，行法心亦薄，迭共作粗想，殺害無慈愍。不孝於父母，亦不供尊長，多修世俗行，疑惑復嫉妒。貪染於邪法，非法無厭足，貪求無厭故，是以久流轉。

末法時代，僧人不知羞恥，不守戒律，不讀經書，染著五欲，沒有慈悲心，互相爭吵，為名利而爭鬥。靈裕法師希望僧人能夠以此警醒，延續佛法偉業。

第二，普佛思想。靈泉寺大住聖窟內供奉的是盧舍那佛、阿彌陀佛與彌勒佛，這並非當時盛行的象徵佛法永恆的「燃燈佛、釋迦佛、彌勒佛」的組合。大住聖窟內的新組合代表了什麼意思？石窟外壁左下角上刻著許多佛名：1.東

方須彌燈光明如來等十方佛；2.毗婆尸如來等過去七佛；3.普光如來等五十三佛；4.東方善德如來等十方佛；5.拘那提如來等賢劫千佛；6.釋迦牟尼如來等卅五佛；7.十方無量佛等，還有過現未來十方三世一切諸佛。〔註3〕大住聖窟內壁還刻有三十五佛世尊 35 龕，七佛世尊 7 龕，還有刻文：「五十三佛名：普廣佛、普明佛、普靜佛……；三十五佛名：釋迦牟尼佛、金剛不壞佛……；二十五佛名：寶集佛、寶勝佛、成就盧舍那佛……。」其中，盧舍那佛作為諸佛之佛，是十方無量諸佛的代表，所以居中而坐；阿彌陀佛為過去諸佛的代表，彌勒為未來諸佛的代表，分列兩邊。上述佛名中，三十五佛、五十三佛、二十五佛、過去七佛均為過去世之佛，彌勒為未來之佛，盧舍那則總括一切佛。靈裕並非三階教徒，年齡和輩分都比信行法師大，他所建的大住聖窟內保留著普佛思想，並將佛進行七階分類，說明這是當時安陽地區流行的思潮。

## 道憑法師燒身塔

---

〔註3〕董家禮：《安陽靈泉寺大住聖窟隋代禮佛·懺悔等文石刻的清理發現及意義》，《佛學研究》2002 年。

第三，林藏與苦行。寶山附近有寶山、嵐峰山馬鞍山三處塔林。其中寶山塔林為男僧和男性居士的葬地，嵐峰山塔林為女尼與女性居士的葬地，馬鞍山塔林最少，總共只有四個浮雕塔。張總教授統計，寶山塔林有男性塔 120 處左右，嵐峰山有女眾塔 93 處。其中，根據塔林的題記可知，其中有一些是堅持苦行，滅度後進行林葬的。〔註4〕

第四，當時安陽地區流行《法華經》，大住聖窟內就刻有《法華經》中《如來壽量品》等經文，信行法師就是受到《法華經》中「常不輕菩薩」的啟發而創建三階教的。

## 二、靈泉寺的簡史

靈泉寺建於東魏武定四年（546 年），創建祖師是著名的道憑法師。《續高僧傳》中有《鄴西寶山寺釋道憑傳》，道憑法師（487～559）於北魏太和十一年（487）生於河北省邱縣一戶姓韓的貧苦農民家裏。十二歲（499）到大名縣削髮為僧，法號道憑。他先後學習了《涅槃》、《成實》、《地論》等名著，既能解意，又能有所獨見。到了中年，他雲遊漳、滏、伊、洛等名山大川，向著名寺院的名僧求教。後又到河南嵩山少林寺住了下來，聽說慧光大師「弘揚戒本，因往聽之。」到鄴城拜慧光為師，京師許多人都說：「道憑法師的文句為珍寶，可以相信了。」東魏武定三年（545），五十八歲的道憑法師來到鄴西寶山，決定在這裡定居下來，在嵐蜂山東麓鑿造大留石窟，石窟於武定四年（546）四月八日完工，當時叫道憑石堂。大留聖窟窟口上方原有題記：「大留聖窟，魏武定四年，歲在丙寅，四月八日，道憑法師造。」北齊天保十年（559）三月七日，道憑法師在寺中圓寂，終年七十二歲。河清二年（563），靈裕法師在寺西為道憑法師造雙石塔，東西排列，西塔為墓塔，東塔為陪塔。但最初道憑所建的寺廟，位置在寶山附近的嵐峰山，後來他的弟子將寺廟遷到了寶山現在的位置。

隋代靈泉寺的高僧為靈裕（518～605），俗姓趙，河北鉅鹿人，十八歲出家，是相州南道地論師道憑的弟子，主要活動於安陽和長安地區，早年他主要活動於安陽地區，在北周武帝排佛時，他和同伴二十多人遊化於鄉間，以占卜為生，隋朝初年，他在河北一帶活動，590 年他又回到河南，後來奉詔入住長安大興善寺。靈裕對華嚴宗的貢獻有四：一是他著有《十地疏》、《華嚴疏》、

---

〔註 4〕張總：《中國三階教史》，北京：社科文獻出版社，2013 年 3 月，369 頁。

《旨歸》等百餘卷作品，收了大批的弟子，他很有兼容並包的精神，他雖然主要弘揚華嚴，但是對自己的弟子並不強作要求，而是隨其所好，自由學習。這種寬容的態度想來也是他口碑甚好的優秀品質之一，也是他成功的諸要素之一。靈裕曾一度奉詔到長安地區活動，但為時不長，到了晚年，靈裕又回到了相州（今安陽），在寶山開鑿大住聖窟。《大住聖窟塔銘題記》記載：「大隋開皇九年乙酉歲敬造窟」，說明寺廟可能是在589年遷到寶山的。靈裕為何要將寺廟遷到現在的位置？應該是和風水有關。靈裕長於占卜，還在長安時期，就勸其弟子靜淵將至相寺遷到天子峪，從長安回到安陽，他又將寶山寺從嵐峰山遷到現在的位置。

靈泉寺的北齊雙石塔碑很有名，其中的《司徒公婁睿華嚴經碑》，刻寫的是《華嚴經》中《菩薩明難品》和《初發心菩薩功德品》的內容，婁睿是靈裕的弟子，大住聖窟的建設，可能就有婁睿家族的支持。另外一塊是《華嚴八會碑》，內容是講《華嚴經》中，盧舍那佛八次集會，為弟子講述《華嚴經》。

現寶山靈泉寺塔林遺存有開皇十三年（公元593年）「故大融法師枝提塔記」和「大融法師佛龕雕像」，從《唐故靈泉寺玄林禪師神道碑並序》看，他在隋代名氣很大，是鄴城地區著名的高僧。但具體情況不詳。

唐代安陽地區稱為相州，與太原同為北方重鎮，唐代國家強盛，佛教繁榮，寶山塔林也迎來了最繁盛的時期。作為豫北第一叢林，靈泉寺仍然能夠吸引大法師入住，其中最著名者為玄林法師。據天寶六年公元747年所立的《唐故靈泉寺玄林禪師神道碑並序》載，玄林「堯城人也（今屬安陽縣），俗姓路氏」，此碑為唐代監察御史陸長源撰。碑文介紹，玄林法師的祖上曾任「濬燕」即慕容儁所建立的前燕國的豫州刺史。玄林法師年輕時受過良好的教育，百家之學都有涉獵，後來閱讀佛經很有心得，於是出家為僧。法師對律學、佛教哲學都很精通，「學者號為律虎，時人因為義龍。」被當時的人稱為「律虎」和「義龍」。玄林法師博學多才，「性有異能，妙窮音律，雅好圖書，季長公瑾別有新聲；凱公僧瑤皆德真蹟。」季長即東漢大學問家馬融，僧繇是南朝梁國的著名畫家，碑文以玄林法師比他們，說明玄林法師精通音律，擅長作畫。唐中宗景龍年間，曾被詔入京師，擔任翻譯大德。後回到靈泉寺，居住六十年，「騰聲洛下，獨步鄴中，齊達睿之大，名繼稠融之遐躅。」在安陽地區和洛陽地區都很著名，碑文認為玄林是繼著名武僧稠禪師和隋代大融禪師之後的又一個高僧。僧稠（480～560）是北齊高僧，就是後來被尊為少林寺二祖的那個稠法師，

他原籍昌黎（今河北徐水），實則是鄴城人（安陽）。安陽小南海石窟裏有僧稠的弟子為僧稠所做的畫像，非常珍貴。僧稠在孝明帝末期，便離開少林寺，到處遊歷，直到被北齊高洋請到鄴城，後擔任大石窟寺即河北響堂山石窟的寺主。融禪師就是隋代靈泉寺高僧大融法師。玄林法師在「天寶五載十二月十日⋯⋯不疾而化春秋九十餘。」。玄林法師弟子眾多，碑文記載「三千門徒，皆傳經於關裏；四百弟子，空問道於襄陽。」

唐代是靈泉寺歷史上非常繁盛的時代，現存石窟二百四十七個中，多數為唐代石窟，即可證明唐代靈泉寺的繁盛。

宋元明清時期靈泉寺漸次衰落，但一直有修繕。明弘治七年的《重建寶山靈泉禪寺並觀音閣碑記》記載了簡略的情況：「宋紹聖元年（1094），僧德殊建靈裕祖師塔，並碑文一座。」金天會五年（1127），住持僧法智重修祖師玄林真身塔，金太宗敕賜常住白藥山等地，並於東南西北標明邊界；金大定九年（1169），住持僧法智重修靈泉寺，寺廟煥然一新，立碑紀念，估計重修規模不小；大明洪武初年，善海（號印空）建造了新的殿宇，他的弟子園智（號魯庵）也修繕過寺廟。安陽地區的僧綱圓真、圓志、圓瓣都住持本寺，說明明代靈泉寺還能維持安陽第一寺廟的地位。「（明英宗）正統五年（1440），住持明□，不墜祖風。」明代宗景泰年間（1450～1457），住持僧明廣重修了前殿（天王殿），並塑造了天王像和彌勒佛像。明憲宗成化十年（1464），靈泉寺也有過修繕。

明孝宗弘治五年（1492），住持普訓重建觀音閣，這次修建是有南平施主常友與其妻李氏、其侄女秀海、侄子劉峰雲、兒子常智及其妻子王氏資助。

進入清代，靈泉寺寺廟已經破敗不堪，《重修地藏王菩薩殿碑記》記載，原因是「廟居離位，基坐山坡，每當大雨，則水之漸入廟中，遂深尺許。」有個姓張的善人看到寺院的慘狀，發心修建，於乾隆己酉年（1789），倡議鄉賢集資重修寺院：「起殿臺三尺，於是廟貌神像煥然重新。」乾隆六十年（1795）年立碑紀念，可見修繕歷時數年才竣工。作者認為看到神像感到敬畏，就會心生善念，在碑文中非常重視「神道設教」的教化作用。

《重修三佛殿碑記》記載，道光年間靈泉寺已經是「廟宇傾圮，寺僧惻然」。附近村子踴躍捐款，第二年將三佛殿修繕完畢，碑文中說「規模之宏壯，故較之昔日而有加矣。」說明這次修繕三佛殿，其實是重建。道光九年（1829）立碑紀念。

靈泉寺石窟的浮雕塔

　　《重修寶山靈泉寺碑記》記載，光緒二十年（1894），靈泉寺「經風霜兵魘，半銷磨於蒼崖墟莽之中。」有個「馬公」，認為靈泉寺為安陽地區的著名文化景觀，不能就此湮滅，就與當時住持文園大禪師倡議重修。本計劃用六年時間修成，結果只用了四年（1898）就修好了，1911年才立碑紀念。

　　民國時期，日本學者常盤大定、關野貞曾來靈泉寺考察，時間是1921年，並拍攝了照片。

　　文化大革命中，靈泉寺遭到嚴重破壞，靈裕法師和玄林法師塔都被摧毀，幸而日本人所照的照片還在。改革開放後，靈泉寺又獲得了新生，在當地信眾的支持下，靈泉寺重建了不少殿宇和紀念塔，但民俗信仰也侵入寺廟，如主尊為包公的「青天玉主殿」，主尊為王母的王母殿，主尊為老子的老君洞、主尊為孔子的孔子洞，甚至還出現了主尊為孫悟空的水簾洞！

　　靈泉寺自古都是佛教聖地，現在被村民改造為了無所不包的大雜燴，希望有關部分能夠適當干預，改變這一混亂的局面。

　　1998 年，靈泉寺再次被全國關注。傳聞活了 160 歲的吳雲青老人圓寂在安陽，肉身不腐，被隆重供奉在靈泉寺。傳說他於清末在在濟源王屋山學習道教九轉內丹功法。1900 年左右到陝西延安青化砭村青化寺既學佛法，又煉內丹。1998 年夏初，吳雲青隨弟子蘇華仁到安陽北郊；1998 年 9 月 22 日凌晨，吳雲青仙逝於北效佛祖寺。但也有報導稱其實他只活了百歲左右。在當時確實引起了廣泛的關注。

# 第九章　須菩提祖師的得道之地──
## 南陽菩提寺

　　南陽鎮平菩提寺是南陽名寺，關於其歷史，現在通行的說法是始建於唐代永徽二年（651），創始人是唐代著名神異高僧智勤，其事蹟曾入選《神僧傳》，根據是中華民國十六年（1926）所立的民國版《菩提寺志》。

　　該《寺志》云：「菩提寺者乃唐高宗永徽年間，菩提祖師所創也。祖師諱智勤，俗姓朱，其事蹟載在《神僧傳》。記明時藏碑者甚詳。」然而，筆者查訪《神僧傳》，並無智勤法師在鎮平創建菩提寺的語句。《神僧傳》只是提及，智勤曾一度回老家鄧州建立寺廟，但並未言及菩提寺，也未說及智勤是菩提祖師之事。其最後一句「記明時藏碑者甚詳」，好像意思是說，智勤創建菩提寺的說法，在明代碑刻中記錄甚詳。可是，明成化年間的《菩提寺重修碑記》已經說：「其寺創始無考，元季僧德欽建。」可見，民國版《菩提寺志》所言，並不可信，其結論只是建立在推測的基礎之上，其關於菩提寺得名的來歷，說法也是錯誤的。

## 一、菩提寺得名的來歷與早期歷史

　　明成化年間的《菩提寺重修碑記》，記載了菩提寺得名的來歷。碑記講：「菩提寺在杏花山陰，鎮平縣北二十里許，山明水秀。寺前有岩，岩穴深邃，道路崎嶇，人跡罕至。岩中有菩提像，俗傳須菩提證佛之所。」可見，菩提寺得名與釋迦佛的弟子須菩提有關，是須菩提的得道之處，而不是《菩提寺志》所稱的「菩提祖師」智勤。

## 南陽菩提寺

　　須菩提在佛教中名氣很大，俗稱「菩提老祖」。須菩提中文的意思為「善業」，是古印度舍衛國人，相傳天性頑劣，為眾人所不喜，但聰明異常。後來他出家為僧，最能理解空理，被稱為「解空第一」。他在佛陀的說法會上，常常擔任「當機眾」（即代替大家向佛陀提問者），著名的《金剛經》，也是以須菩提為發問者，引出了這部著名的佛教經典。

　　據說有一次，佛陀去忉利天講法，三月才回。眾比丘、比丘尼都爭先恐後地前去迎接，蓮花色尼更是跑在最前面。只有須菩提仍舊在縫自己的衣服。蓮花色尼最早接到佛陀，然而佛陀卻告訴她，須菩提才是最早看到佛陀的人。蓮花色尼恍然不解，佛陀告訴他，你看到的只是佛陀的肉身，而肉身是由四大構成，終歸要壞掉的。而須菩提看到了這一點，真正理解了「無我」的真理，他才是最早見到我的人。蓮花色尼非常慚愧。

　　知道了菩提寺得名的來歷，那菩提寺是什麼年代建立的呢？《菩提寺重修碑記》已經說：「其寺創始無考，元季僧德欽建。」則至遲到元朝末年菩提寺已經建立，但實際上菩提寺的建立可能更早。鑒於宋代羅漢信仰興盛，須菩提羅漢成道之地之說，或形成於宋代。因此，筆者推測，菩提寺形成於宋代的可能性較大。

　　菩提寺真正可靠的歷史，是從元朝末年開始的。《菩提寺志》云：「迨元末年，僧德欽、崇新等相繼住持，猶有殘碣可考。元傾北渡，明天子龍興時，山林放曠，法席無人，香田祖地屬於民間者數年。至天順五年（1461），有大禪師定海者雲遊至此，乃誅茅結庵，修舉廢墜。香田祖地漸次恢復。」按碑文所

記，菩提寺在元末有德欽與崇新兩位法師住持，元末農民起義，寺僧逃散，寺廟傾覆。直到明英宗天順五年（1461），才有定海禪師將寺廟恢復。

定海禪師恢復的層次不會很高，《菩提寺重修記》記載，十年後就呈現出「棟宇摧腐，傍風上雨，聖像不輝」的景象。明憲宗成化年間，住持善珍及其弟子惠明主持修繕了菩提寺。原因主要是「殿廡荒涼，僧舍寥落，不足以稱梵修之典。」這次重修主要是靠信眾的捐助，日積月累，隨心喜舍。重修的內容，主要是在故殿之後添加新殿，稱為「紺殿」，即紅色的大殿。並在新殿內塑造神像，其他如祖師殿、伽藍殿、天王殿、禪堂和方丈室也重新加固維修。重修後的菩提寺「規模宏敞，殿宇巍峨，丹青炫耀，金碧輝煌，柏竹蒼翠，花果芳馨。」想到須菩提是佛教的大師，其道場的維修須勒石記功，遂於成化十二年（1476），立碑石紀念。

明穆宗隆慶四年（1570），明禮部右侍郎、文學家、政治家、名士方九功退職還鄉，於五月八日，偕同友人王玉山、朱雙河、吳僑庵、王確齊、張少亭等到菩提寺遊玩，發現菩提寺「風景奇絕，迥逾所聞，於是相興登高聘目，縱酒長歌，唱和礬桓，棋局□□，樂意所極，言不可狀。」認為菩提寺風光比傳說中的更好，在此飲酒作詩，鎮平知縣楊河山為了紀念此事，立碑石記之。

第二年，方九功去鄖陽，路過鎮平，鎮平知縣楊河山陪同再次光臨菩提寺，並留下詩兩首。《菩提寺》云：「看山遙在宛城西，道出安皋望欲迷；地接諸天開法界，峰懸絕頂見菩提。百泉飛雨迎花潤，朵朵生煙拂樹齊；乘興振衣千仞壁，□然攬勝醉如泥。」大意為：我在南陽城西的杏花山上遙望，只見道路崎嶇令人迷。天地相連，混一而成法界；峰巒絕壁中，看到了須菩提大師的像。泉水隨風飄灑，濕潤著旁邊的野花，使它們長得如同小樹一樣高大。乘著高興勁兒我翻山越嶺，沉醉在這美麗的景色中。

第二首《杏花山》云：「聞說名山自一方，杏花不斷四時香；山中那復論開落，象外何須話短長。勝地卻疑云是路，多情轉覺玉為漿，漸予若被塵鞅縛，暫得奇探思欲狂。」大意：聽說杏花山是南陽的名山，一年四季都有杏花飄香。其實若用佛學的觀點看，一切皆是虛妄，山中的花無哪裏有所謂的開落？所以不必去追究四季都有杏花的傳聞是否為真，這沒有什麼意義。這個傳聞實際上是個禪機，實際上是接引信眾入佛智的路，能讓沉溺在凡情中不能自拔的人覺悟，我久在宦海沉浮，不知不覺中迷失了本真，被塵緣所縛，今天借助「解空第一」的菩提祖師的加持，不斷地思考佛家的空觀智慧。

　　兩首詩都寫的很好，第一首詩《菩提寺》，重在寫實，描寫菩提寺環境的美麗；第二首《杏花山》則重在寫意，禪意盎然，充滿著哲理，顯得更加深邃，令人回味無窮。碑記中講：「無論往代，在國朝二百餘年，此山寂寂無聞也。一經詩人品題，山隱隱含輝矣，昔坡公賦赤壁，而赤壁之名至今傳之，地因人重，山之衰勝豈固有時耶？」大意：不說以前的朝代，大明朝建立也有二百年了，杏花山默默無聞，方公兩首詩一寫，杏花山就有了為人傳頌的文本。當初蘇東坡寫赤壁賦，赤壁的大名至今為國人所知，可見地方因人而重，杏花山的盛衰豈不是有其固有的因緣呢！

　　但好景不長，明末李自成大起義，起義軍和官軍在河南鏖戰，寺僧逃散，菩提寺再次衰敗下去。

## 二、清代的菩提寺

　　《菩提寺創經樓功德碑》記載清初的菩提寺：「前住持棄此星散，遂致月掩禪關，荒涼無人，凡登臨於茲者每有興廢之感焉。」清康熙年間，有一個號岫然的僧人，重新入住菩提寺：「國朝初，岫然長老雲遊至此，覽其遺跡知為古禪林，但遺碑萎於草萊，階砌湮於蓬蒿，茅屋數椽，僅蔽風雨，晨鐘暮鼓之地，只足供樵採牧放已耳。」可見清初的菩提寺，已經是斷壁殘垣，荒無人煙。

　　《菩提寺永禁分劈寺田碑》記載：「國朝康熙二十年（1681），師岫然派衍次間，山場而外，……，置僧人地七頃有餘。」可知岫然重新入住菩提寺，並置地七頃多。《菩提寺創經樓功德碑》記載，在岫然的帶領下，「佛殿、方丈、寮房、僧舍漸次增修。」岫然可謂中興菩提寺的功臣。

　　其後的幾代住持、監院都為菩提寺的建設盡心盡力。《菩提寺永禁分劈寺田碑》記載：「及澄智主方丈，清諦為監院，續置三頃餘；澄智後覺偏以監院輔清諦又信之，當覺偏主方丈時僧人常攝院監矣，置地一十六頃有餘。」可見，岫然之後的方丈為澄智，澄智之後為清諦，清諦之後為覺偏，其後住持的情況不詳。

　　嘉慶年間，住持悟煥等號召信眾捐款捐物，對菩提寺進行過一次修繕。《重修菩提寺大雄殿碑序》介紹了這次修繕的原因：「第世遠年，湮寺中之殿宇，每為風雨飄搖，儼乎有傾頹之勢，為住持者安忍袖手旁觀而漠然置之乎？」可見大殿久為風雨侵蝕，至嘉慶間已經搖搖欲墜，住持覺倫認為自己作為住持，有責任將之修繕。

　　資金的來源，主要是向信眾的募捐：「然殿宇恢廓，需財孔多，工程浩大，獨力難舉，勢不得不仰借乎施主，募化乎四方，凡善男信女各捐資財，勠勤其事，而完其功果焉。」

　　修繕的效果很不錯：「自此殿宇之壯盛動人，瞻仰佛像之輝煌，悚人耳目，孰不謂其煥然一新也哉！」可見此次修繕的內容，主要是對大雄寶殿進行維修，並對佛像也進行了裝塑。

　　碑文由住持覺倫、監院新心立，時間是「龍飛嘉慶四年（1799）歲次已未年菊月」。

　　在菩提寺天王殿東簷牆內，嵌著一塊清嘉慶十八年所立的碑，碑文內容為《高王觀音經》。《高王觀音經》為東魏權臣、大丞相高歡時期興起的觀音類經典。《續高僧傳》等多部文獻記載了此經的緣起：

> 　　及高王經者，昔元魏天平定州募士孫敬德，於防所造觀音像，及年滿還，常加禮事。後為劫賊所引，禁在京獄，不勝拷掠，遂妄承罪，並處極刑，明旦將決，心既切至，淚如雨下。便自誓曰：「今被枉酷，當是過去曾枉他來，願償債畢了，又願一切眾生所有禍橫，弟子代受。」言已，少時依俙如睡，夢一沙門教誦《觀世音救生經》。經有佛名，令誦千遍，得免死厄。德既覺已，緣夢中經，了無謬誤。比至平明，已滿百遍。有司執縛向市，且行且誦，臨欲加刑，誦滿千遍。執刀下斫，折為三段，三換其刀，皮肉不損，怪以奏聞。承相高歡，表請免刑，仍勅傳寫，被之於世。今所謂高王觀世音是也。德既放還，觀在防時所造像項，有三刀跡。悲感之深，慟發鄉邑。」
>
> （唐道宣《續高僧傳》第 29 卷，《大正藏》第 50 冊，692 頁上。）

　　可知此經原名《觀世音救生經》，因東魏權臣高歡奏請傳寫，而名之《高王觀音經》。據說東魏時期，定州人孫敬德，曾在從軍駐防地造觀音像，後來服役期滿還鄉，仍常常禮敬觀音像。後來為賊人所誣告，被有司抓到京師鄴城，嚴刑逼供之下，敬德熬刑不過，被迫承認了罪行，第二天就要被處決，孫敬德非常害怕，就發誓說：「我這次被誣陷，當是前世曾誣陷過別人，現在遭到報應。但願這次死後，償還對方，並願意代眾生承受所有災禍。」過了一會就恍恍惚惚睡著了，夢見一個和尚教他讀誦《觀世音救生經》，並告訴他，經裏有佛名，念誦千遍，就能免除死厄。敬德一會醒了，覺得僧人所教的經文，歷歷在耳，就不斷背誦，到天明時就背誦了百遍，在押送刑場的路上，他仍不停的

背誦，到行刑時，他剛好背誦一千遍。劊子手執刀砍下，刀卻斷為三段，又換了二把刀，刀都被砍斷了。大家都感到驚奇，就告訴了丞相高歡，高歡奏請皇上（時為傀儡）敕令頒行此經，因名《高王觀音經》。

碑文內容：

> 奉請八大菩薩：南無觀世音菩薩摩訶薩，南無彌勒菩薩摩訶薩，南無虛空藏菩薩摩訶薩，南無普賢菩薩摩訶薩，南無金剛手菩薩摩訶薩，南無妙吉祥菩薩摩訶薩，南無除蓋障菩薩摩訶薩，南無地藏王菩薩摩訶薩。

> 觀世音菩薩，南無佛，南無法，南無僧，佛國有緣，佛法相因，常樂我淨，有緣佛法。南無摩訶般若波羅蜜，是大神咒；南無摩訶般若波羅蜜，是大明咒；南無摩訶般若波羅蜜，是無上咒；南無摩訶般若波羅蜜，是無等等咒。南無淨光秘密佛、法藏佛、獅子吼神足幽王佛，佛告須彌燈王佛、法護佛、金剛藏獅子遊戲佛、寶勝佛、神通佛、藥師琉璃光王佛、普光功德山王佛、善住功德寶王佛、過去七佛、未來賢劫千佛、千五百佛、萬五千佛、五百花勝佛、百億金剛藏佛、定光佛、六方六佛名號：東方寶光月殿月妙尊音王佛、南方樹根花王佛、西方皂王神通焰花王佛、北方月殿清淨佛、上方無數精進寶首佛、下方善寂月音王佛，無量諸佛、多寶佛、釋迦牟尼佛、彌勒佛、阿閦佛、彌陀佛。中央一切眾生，在佛世界中者，行住於地上，及在虛空中，慈優於一切眾生，各令安穩休息，晝夜修持，心常求誦此經，能滅生死苦，消伏於毒害。那摩大明觀世音、觀明觀世音、高明觀世音、開明觀世音、藥王菩薩、藥上菩薩、文殊師利菩薩、普賢菩薩、虛空藏菩薩、地藏菩薩，清涼寶山一萬菩薩，普光王如來化勝菩薩。

《高王觀音經》，內有諸多佛名，菩薩名，反映的正是高歡所在的北朝（6世紀）時期的普佛思想，即不只崇拜某一個佛，反對念一佛一名一經，而是崇拜所有的佛、菩薩，如過去七佛，賢劫千佛，六方六佛等等。經文講：「晝夜修持，心常求誦此經，能滅生死苦，消伏於毒害。」誦讀此經，能滅生死苦。刻碑人宛城鄧克昌，或者家裏遇到災禍，或者為生死所困擾，刻寫次經的目的，已經昭然若揭。

菩提寺旁的彭禹廷墓

道光元年（1821），菩提寺經歷了一次風波。《菩提寺永禁分劈寺田碑》記載：「邇來主持僧眾為之監者，海德也，復得十頃餘，合先後計之香心地約四十頃。」隨著田產和僧人的增加，矛盾也漸漸產生。有些僧人不服從住持的領導，分產分地，並將部分寺田賣給俗家。時任住持新心長老無奈，將之告到官府，幸而當時的鎮平縣知事為佛門弟子，運用行政力量阻止了這次交易：「尚幸宰官身為佛門弟子，施大法力。」

考慮到防止以後再出現類似的情況，新心長老請鎮平縣知事魏晉，寫下了《菩提寺永禁分劈寺田碑記》，碑文說：「肖叢林替矣，積之歷百餘年，壞之只一二人，夫何敢哉，將窮治其獄，會紳士張□等呈請從前所分田契仍會新心一處，僧徒俱各歸寺，寺規所訓。」既然碑文將以前所分的田契都重新匯合到新心一處，僧徒也都回歸寺廟，說明在此之前，有些僧人是分出去另立別院的，而田產也是作了分割的，這可能與有人對新心住持的地位不服所致。

清同治七年，菩提寺新建了藏經樓。建立藏經樓的原因，《菩提寺創經樓功德碑》記載：「迄今一百餘載，其規模已云備矣，然經樓未建，終覺缺如。道光甲辰（1844）之秋，有分發南陽候補潘公，公餘之暇，來謁菩提，遊覽之餘，因為僧眾曰：斯地山明水秀，峰環嶺抱，形勢之勝詢，足為山林之佳景，宛南之巨觀，若築建經樓，不惟足壯觀瞻，且於淯陽之文明大有裨益。」可見，修建藏經樓的提議，早在 1844 年就已經列入計劃，但由於資金困境，無法實

現。直到同治七年（1868），省真大和尚榮升住持，才請人卜選良地，在禪院祖堂殿的遺址上建立藏經樓。工程始於同治八年（1869），建成於同治十年（1871）。建成後的藏經樓「刻桷丹楹，金碧輝煌。」省真長老也不勝心力，於同治十一年（1872）將住持之位讓於晴霞長老，「蓋知其能募化善緣，勸厥成功也。」可見，省真所建的大殿，可能只是雛形，晴霞長老遊歷南陽各個地方幾遍，募捐了些資金，供大殿完全建成。可是，大殿剛建成，還沒有立碑，晴霞長老就於光緒初年（1875）就圓寂了。可見這次修建藏經閣，費時頗久，從1869年到1875年，長達七年。繼任者玉成和尚為了讓後人記住省真與晴霞的功勞，就立碑於光緒二年（1876）。

玉成長老擔任住持期間，經常在災荒之年賑濟災民，但仍需應付種種苛捐雜稅，退居鎮平的鄉紳喬玉庭出面，向當時的鎮平縣知事延為請示，不要向寺廟攤派各種捐稅，得到了鎮平縣的支持，光緒四年（1878）的《告示碑》記載，延為知縣所下的告示講：「職等竊思，此寺為名勝之區，山川秀美，有關一邑勝衰，凡在鎮邑紳民富戶，皆宜布施培植，若無施於寺而反求寺之施，足為一邑羞。」因此「賜文永免捐項。」

但人走茶涼，二十年後這個禁令就不起作用了。光緒二十八年的《永免捐項雜派碑》記載，又出現了「無知棍徒，任意滋擾」的局面。「有盜伐寺之樹木矣，有毀傷寺之苗禾矣，有移屍於寺地矣，有侵佔於寺田矣。」即有人破壞寺田的莊稼，有人偷到寺裏的樹木，有人在寺田裏埋死人，有人強佔寺田。「訟端迭興，雜派叢出，入不敵出。以致田產失半，香火之資難以敷衍。」於是由鎮平舉人王金相等向南陽府提出免捐的議案：「從前有邑紳喬玉庭等同僧安□師祖靜林，請邑侯延公出示優免雜派捐助各項，雖准行於縣岸，未得聞於大府紳等。誼屬寺鄰，不忍坐視，恭懇大人賞准，出示飭縣，優免雜派，嚴禁外侮各情，及寺中有不守清規者，准方丈送官究治。」

知府周鋮欣然同意：「據此查，菩提寺為一方名剎，風化文教繫焉，凡在官紳，亟應一體維持，以免頹廢。……邑紳商士庶人等一體知悉，嗣後，務當公體大義，不得再向該寺生事訛索。至該僧等亦應恪守清規，供奉神靈，以免籍口。倘有無知之輩仍不悛改，准其寺僧指名呈控以憑，從重究處，決不寬貸，各宜凜遵勿違。」可知菩提寺中有頑僧不守清規，與俗民產生矛盾也是寺產被強佔的原因之一。

周鉽出示了禁令以後，還寫了一篇小文，講述這樣做的理由：「寺為神靈棲身之所，產為佛聖香火之地，以律而論，本不宜與民同視，況仁粟義漿，僧俗共餐，是又大公無私。體西佛慈悲之念而出者也，烏可欺其懦而侮之。嗣後縣司紳民一體保護，使慈航永渡風塵之苦，名景常留，山川之色豈不幸甚。業已出示嚴禁，復作文以載，諸貞瑉庶，永垂不朽。」周鉽認為菩提寺為南陽著名景觀，官紳庶民都有責任維持其存在。周鉽為何對菩提寺如此友好？除了其本人可能對佛教有所敬畏之外，當時天主教河南教區總部就駐在南陽市區西北郊的靳崗，天主教徒人數眾多，建有大規模的武裝村寨，主教安西滿驕橫跋扈，僭越官府禮制，濫用督撫威儀，教案頻發，頻頻引起外交糾紛，讓州府官員非常頭疼，加之八國聯軍入寇中國，強迫清國簽訂不平等條約，南方的革命黨頻頻發難，地方大員人心惶惶。在這個背景下，周鉽就會發覺，傳統的佛教是多麼的可愛與順從，而其欣然提筆維護菩提寺的心理也可得一窺。

## 三、民國及當代的菩提寺

民國時期菩提寺有一位非常能幹的方丈安璽。《印參和尚德壽碑》記載了他的事蹟。安璽，字印參，俗姓陳，是鎮平西關陳耀宗的第五子，八歲出家於菩提寺，二十八歲被靜居和尚擢升為監院，四十歲成為方丈。民國肇興，當局掀起一股「廟產興學」運動，菩提寺面臨危機，於是他帶著徒弟然壁，與禪友智圓一起到開封，籌辦佛教協會，維護寺產，成功地保護了菩提寺。

1922 年，太虛法師在武昌辦佛學院，印參長老命弟子然華到武昌佛學院，依太虛法師學習。命徒侄孫道申到洪山寶通寺，依阿闍黎研究密宗。民國乙丑年（1925 年），名然華與道申到開封辦全省佛教聯合會、河南佛學社，並在寺內辦小學，回報鄉民。民國九年（1920），南陽發生饑荒，印參長老施捨粥飯，救人很多，被譽為「活佛」。六十大壽之時，立碑敬祝。在印參長老的經營下，菩提寺有了很大發展。據民國十六年（1927）的材料，菩提寺有房舍 183 間，地產 3500 畝，僧眾 81 人。

1928 年，基督將軍馮玉祥主政河南，再次提出了「廢寺興學」的運動，並策動學生拆除佛像，沒收寺產，為了保護寺產，印參大師派弟子釋玉普串聯淅川香嚴寺方丈潤齋、玄妙觀道長李翰三等去南京請願，得到批准，成功地保住了菩提寺。

印參大師和當時南陽地方自治軍閥彭禹廷關係很好。彭禹廷在南陽搞自治近三年（1930 底～1933 初），剿匪新民，成效卓著，彭禹廷後被河南省主席

劉峙派人刺殺。由於彭生前曾向印參法師表示願意歸隱在菩提寺旁，最終葬在
菩提寺東南側的虎山溝。

### 南陽菩提寺鎮寺之寶——貝葉經

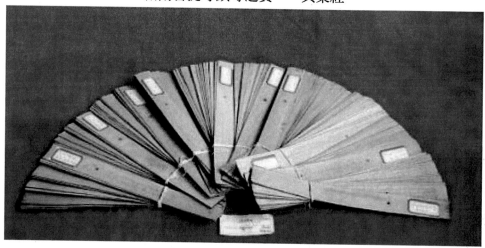

1928 年，國民黨掀起了搜捕共產黨員的白色恐怖，正在京津地區進行秘
密工作的彭雪楓被迫還鄉鎮平，期間曾到訪菩提寺，會見了安璽大師，參訪了
藏經樓等處。

1930 年河南大旱，豫西和豫南災情尤為嚴重，梁建章奉命到南陽檢查工
作，在往洛陽去的路上因匪患而滯留在南陽二十多天，期間訪泉水而住宿菩提
寺一夜。夜裏聽到泉水叮咚，「靜極偶聞泉奏響……，是夜夢見西子湖」，醒來
後感歎「惜無湖波灌粳稻，三百萬人來同酺。」表現了他憂國憂民的真情實感。
（見《登鎮平杏花山宿菩提寺有序碑》。）

民國二十四年（1935），印度友人向國民政府獻《貝葉經》一部，政府交
南京毗盧寺保存，釋玉普剛好在南京，經過多方交涉，將貝葉經的十分之一帶
回菩提寺，成為鎮寺之寶。文革期間，轉交鎮平文管所，從而保護了下來。

1935 年，印參長老圓寂，釋蘭芬接任住持。1939 年，國民黨第 31 集團軍
司令湯恩伯，喜愛菩提寺清淨，在寺後建官邸居住，並借用五間房製造兵器。
日軍於 1945 年 3 月佔領鎮平，殺害菩提寺僧人道悟，搶走住持蘭芬的乘坐的
馬匹。

抗戰勝利後，菩提寺在寺內創辦菩提佛學苑，初級班開設國語、算術、常
識、音樂、體育五科，招收學生除僧人外，也有不少村民子弟。高級班都是和
尚，開設佛學、佛經、國文、算術、歷史、地理、音樂、體育八科。校歌云：

「五垛之陽，杏山之陰，為吾菩苑，屹立長存，濟濟多士，發菩提心……」學校辦了三年，1947 年鎮平解放，學校停辦。

　　釋蘭芬由於曾與國民黨湯恩伯合作，建國後由釋玉普擔任住持，1954 年，玉普擔任河南省政協委員，1960 年圓寂，享年 77 歲。隨後菩提寺由曹洞宗第五十三世釋明道接掌。文革中寺廟停辦，僧人接受改造，1979 年才由僧人清浩再次入住。現在的住持為釋仁立法師，俗名張仁立，河南南召人，2007 年住持菩提寺至今。新世紀以來，國家各項事業蒸蒸日上，菩提寺的歷史也掀開了新的一頁。

# 第十章　天台宗祖庭——信陽光山淨居寺

　　天台宗是中國第一個形成的佛教宗派，對後來的諸宗的形成有很大的推動和示範作用。天台宗一直流傳至今，是頗有特色的一個佛教宗派。天台宗傳到日本後，到南宋末年時，發生了分裂。日蓮於 1253 年，專依鳩摩羅什譯的《法華經》建立日蓮宗。由於日蓮曾預告日本將要受到大國（蒙古）的襲擊，這個預言後來成功地被印證，日蓮宗獲得了眾多的皈依者，逐漸成為日本的一大宗派。

## 一、寺院建於北齊

信陽光山淨居寺

　　天台宗的先驅人物是慧文法師。慧文法師俗姓高，山東人，生卒不詳。他學習佛法據說是無師自通的。鳩摩羅什在長安逍遙園內翻出《大智度論》後，流行於大江南北。慧文讀後，感覺很契合己心，很有心得。慧文主要活動於公元535至557年，即東魏、北齊時期，被稱為「北齊尊者」。他的禪修注重「修智」、「理入」、「籍教悟宗」、「智慧解脫」。他最初居於嵩山地區，他的禪法在當地與佛陀—僧稠系禪法、達摩—慧可系禪法並列，並成為「聚徒數百，眾法肅清，道俗高尚」的大師。他的嗣法弟子為慧思法師，慧思法師是真正與信陽光山發生緊密聯繫的人。

　　慧思法師（515～577年），俗姓李，河南上蔡人，自幼喜讀佛經，尤其喜歡《法華經》。據說少年時期曾於夜間到亂墳崗讀《法華經》，當晚夢見普賢菩薩降臨，為其摩頂，從此智慧大開。慧思法師15歲出家，20歲受具足戒，成為正式沙門，並跟從慧文法師修禪學法。後來因為北齊與西魏常年戰爭，以及北方禪眾的妒忌與排擠，以至於幾度被下毒，有性命之憂。於是在北齊天保五年（公元554年），慧思帶領弟子南下河南信陽光山縣大蘇山，建立淨居寺，並在信陽地區弘法十四年，聲名遠播，這也是淨居寺的開始。

## 二、慧思法師的思想

　　慧思法師是很愛國的法師，政治上厭離北齊，視南朝為正統。據說慧思在北方弘法時，北齊皇帝幾次召喚，他都找藉口不去。在光山大蘇山期間，他收到了後來的嗣法弟子智顗。後來由於受到小乘佛教徒的迫害，慧思不得已於南陳光大二年（568年），南下衡山隱居，並囑託智顗到陳國弘法。南陳皇帝一請，他馬上起身到了南京，住在棲玄寺。據載：「舉朝矚目，道俗傾仰」，慧思也決意「託身陳國」。

　　當時的佛教界，北方的禪眾重視坐禪，不重視義理；而南方僧眾重視義理，不重視禪修。慧思法師認為，佛法應該定慧雙修，禪教一致，強調將兩者結合起來。慧思的禪法，將般若學的中觀思想與法華的實相理論結合起來，深受南方僧俗的歡迎。

　　慧思的主要觀點有：

　　第一，性具染淨說。「一切眾生都為真如所攝」。故如來佛性眾生都有，只是被客塵所染，隱匿不顯。眾生看不見，所以名為「如來藏」。如來藏即含有淨法，就為「不空如來藏」，從而將般若學的「空」與法華經的一切眾生皆有佛性（「不空」）結合了起來。

慧思還將佛教的「性」與中國傳統的「心」結合起來，認為「性」就是「心之體」。眾生心、菩薩心與佛心都是「一心」，這個「心」有染與淨兩個方面。如果能以淨業薰習淨性，就可以轉凡成聖，雖具備惡性也不會行惡；如果以染性薰習染性，則流轉於生死苦海，但淨性依然存在，仍有得救之可能。

第二，「一心萬行」說。在深刻的禪定中，才能體證「三界唯心，萬法唯識」的道理，華藏世界、所有事物、無前無後，都有心造。這種觀點為後來的「一念三千」奠定了理論基礎。

第三，法華三昧說。將禪定歸結為「有相行」與「無相行」。前者即由定生慧，注重體悟、體證。後者即由誦讀經典而達到的禪定。慧思的法華三昧說對後來智顗的《摩訶止觀》產生重要影響。

慧思認為，「如」即宇宙實相，從而提出了著名的「十如是」說。他將一切事物都歸結為實相，但實相表現的具體現象分為十種：第一為「相」，即外形；第二為「性」，即本性；第三為「體」，即個體；第四為「力」，即功能。第五為「作」，即行為；第六為「因」，即內因；第七為「緣」，即外因與條件。第八為「果」，即「結果」；第九為「報」，即報應；第十為「一」，即「心」。

慧思的嗣法弟子為智顗。他就是天台宗的集大成者。他共有八部著作，構建了天台教理體系。這八本書有《法華文句》、《法華玄義》、《摩訶止觀》，號稱「天台三大部」；他還有《觀音玄義》、《觀音義疏》、《金光明經文句》、《金光明經玄義》、《觀無量壽經疏》等號稱「天台五小部」。龐大的義理體系的完善與建立，標誌者中國歷史上的第一個中國化了的佛教宗派天台宗的誕生。智顗也就成了天台宗的實際創立人，後被尊為「東方小釋迦」。他這八部著作的思想，有些就是在大蘇山形成的。

## 三、慧思大師離開信陽南下衡嶽原因分析

慧思大師為何要離開信陽光山，至今還是個疑問。對慧思來說，河南光州大蘇山本是他創宗立派的福地，他在光州醞釀了思想，聚集了大量弟子，聲名大振，尤其是收到了繼承和發揚其思想的智顗。可是就在他的事業蒸蒸日上的時候，卻忽然離開光州南下衡嶽，個中原因值得分析。以前的論著多從戰亂，對南方政權的向心力等方面分析，但慧思剛到光州時，就是在戰亂中，他在光州行化十四年間，一直戰亂不斷，所以戰亂不會是最主要的原因；對南方政權的認可是他一貫的態度，所以也不是南下的主要原因。查看史料，

筆者發現當時中原地區廣泛存在的大小乘佛教徒之間的尖銳矛盾，或許才是慧思南下的最重要的原因。事實上，漢地大小乘教徒之間的矛盾，可以追溯到印度與西域。

印度大小乘佛教的矛盾，在傳到中國的經書以及史傳中偶有記載。《法華經・方便品》中就有生動的記載：「爾時世尊告舍利弗，汝已殷勤三請，豈得不說。汝今諦聽，善思念之，吾當為汝分別解說。說此語時，會中有比丘比丘尼優婆塞優婆夷五千人等。即從座起禮佛而退。」〔註1〕當佛要給會眾講大乘經典《法華經》時，竟然有五千名小乘信眾離席而走，不承認大乘佛法。這還算是客氣的。《法華經・勸持品第十三》講：「有諸無智人，惡口罵詈等，及加刀杖者，我等皆當忍。惡世中比丘，邪智心諂曲，未得謂為得，我慢心充滿。……濁世惡比丘，不知佛方便，隨宜所說法，惡口而顰蹙，數數見擯出，遠離於塔寺，如是等眾惡。」〔註2〕這裡的「惡比丘」，顯然指的是小乘佛教徒，他們不但罵詈新興的大乘佛教，攻擊其非佛說，而且「加刀杖」。

大乘佛教對小乘佛教的回擊也是嚴厲的。《法華經・方便品》記載，當小乘信眾離開時，佛告訴舍利弗等：「我今此眾無復枝葉，純有貞實。舍利弗，如是增上慢人，退亦佳矣。」〔註3〕他們走後，就像去掉了枝葉，剩下的就都是果實，這些「增上慢人」，走了更好。《法華經》的批評還是客氣的，《維摩經》就直接稱小乘信徒為「敗種」：「一切聲聞，聞是不可思議解脫法門，不能解了，為若此也！智者聞是，其誰不發阿耨多羅三藐三菩提心？我等何為永絕其根？於此大乘，已如敗種！」〔註4〕《維摩經》還稱小乘教徒為「敗根之士」：「譬如根敗之士，其於五欲不能復利。如是聲聞諸結斷者，於佛法中無所復益，永不志願。是故文殊師利！凡夫於佛法有反覆，而聲聞無也。」〔註5〕《維摩經》還非常生動地描述了小乘教徒對大乘佛教的幾種態度：「一者所未聞深經，聞之驚怖生疑，不能隨順，毀謗不信，而作是言：我初不聞，從何所來？二者若有護持解說如是深經者，不肯親近供養恭敬，或時於中說其過惡。」〔註6〕一是懷疑大乘經典非佛說，二是不親近大乘論師，三是詆毀大乘論師。《首楞

〔註1〕（後秦）鳩摩羅什譯：《妙法蓮華經》，《大正藏》第20冊，第7頁。
〔註2〕（後秦）鳩摩羅什譯：《妙法蓮華經》，《大正藏》第20冊，第36頁。
〔註3〕（後秦）鳩摩羅什譯：《妙法蓮華經》，《大正藏》第20冊，第7頁。
〔註4〕（後秦）鳩摩羅什譯：《維摩詰所說經》，《大正藏》第20冊，第547頁。
〔註5〕（後秦）鳩摩羅什譯：《維摩詰所說經》，《大正藏》第20冊，第549頁。
〔註6〕（後秦）鳩摩羅什譯：《維摩詰所說經》，《大正藏》第20冊，第557頁。

嚴三昧經》更是將小乘教徒追求的阿羅漢果視為「破器」：「世尊，漏盡阿羅漢，猶如破器，永不堪任受是三昧。」〔註7〕

西域第一個有記載的衝突是發生在西域的于闐國。《梁高僧傳》記載，曹魏時期的朱士行於甘露五年（260年）《高僧傳》卷4：「士行嘗於洛陽講道行經，覺文章隱質，諸未盡善。每歎曰：此經大乘之要，而譯理不盡。誓志捐身遠求大本。遂以魏甘露五年發跡雍州，西渡流沙既至于闐。果得梵書正本凡九十章，遣弟子不如檀，此言法饒。送經梵本還歸洛陽。未發之頃，于闐諸小乘學眾遂以白王云：漢地沙門欲以婆羅門書惑亂正典，王為地主，若不禁之將斷大法，聾盲漢地王之咎也。王即不聽齎經。士行深懷痛心，乃求燒經為證，王即許焉。於是積薪殿前以火焚之，士行臨火誓曰：若大法應流漢地經當不然，如其無護命也如何。言已投經火中，火即為滅不損一字，皮牒如本，大眾駭服咸稱其神感。遂得送至陳留倉恒水南寺。士行遂終於于闐，春秋八十。依西方法闍維之，薪盡火滅，屍猶能全，眾咸驚異。乃呪曰：若真得道，法當毀敗。應聲碎散，因斂骨起塔焉。後弟子法益從彼國來，親傳此事。故孫綽正像論云：士行散形於于闐。此之謂也。」〔註8〕

士行到于闐國求經，是第一個西行求法的僧人，在于闐國成功地訪到大乘佛經，卻受到小乘教徒的阻撓，無法將佛經帶回，無奈只好燒經檢驗真偽。最後仍被囚禁在于闐，客死西域。說明小乘教徒對大乘佛教持敵視態度，對大乘僧人是進行迫害的。

另一個例子是《法顯傳》卷1的記載：「復西北行十五日到烏夷國，僧亦有四千餘人，皆小乘學，法則齊整。秦土沙門至彼都不預其僧例也。法顯得符行當公孫經理，住二月餘日。於是還與寶雲等共合烏夷國。人不修禮儀，遇客甚薄。智嚴、慧簡、慧嵬遂返向高昌，欲求行資。法顯等蒙符公孫供給，遂得直進西南。行路中無居民，涉行艱難，所經之苦人理莫比，在道一月五日得到于闐。」〔註9〕

法顯一行到印度取經，走到烏夷國（今焉耆），進入了小乘佛教的勢力範圍。該地有四千僧人，紀律嚴明，都是小乘教徒，大乘僧人到了那裏，不被當

---

〔註7〕（後秦）鳩摩羅什譯：《佛說首楞嚴三昧經》，《大正藏》第20冊，第642頁。

〔註8〕（南梁）慧皎撰，湯用彤校注：《高僧傳》，北京：中華書局，1992年10月，第146頁。

〔註9〕（東晉）法顯撰，章巽校注：《法顯傳》，北京：中華書局，2008年11月。第8～11頁。

做僧人看待「秦土沙門至彼都不預其僧例也」，信眾也不給大乘僧人供養「遇客甚薄」，無奈智嚴、慧簡、慧嵬等只好返回高昌國，積累行資。法顯由於得到了「符公孫」，大概是內地在當地的一個生意人的資助，才「直進西南」，到達于闐。需要我們注意的是，法顯從焉耆「直進西南」，是要跨越塔克拉瑪干沙漠的，這條路兇險無比，就是法顯說的「行路中無居民，涉行艱難，所經之苦人理莫比。」〔註10〕為何法顯不繼續走絲路北線，經過龜茲，溫宿等到中亞印度呢？顯然是因為北線西段諸國為小乘佛教勢力範圍。這裡直到唐代都還是小乘佛教的地盤，玄奘《大唐西域記》記載：「跋祿迦國，東西六百餘里，南北三百餘里。國大都城周五六里，土宜氣序，人性風俗、文字法則同屈支國，語言少異，細氈細褐，鄰國所重。伽藍數十所，僧徒千餘人，習學小乘教說一切有部。」〔註11〕在這裡行走固然自然條件好，但缺少補給供養。這對僧人旅行是十分不利的。法顯甘冒生命危險，捨棄北線，轉向南線，橫跨塔克拉瑪干大沙漠，原因就和大小乘佛教的矛盾有關。

## 四、中國早期大小乘佛教的矛盾

淨居寺前湖水清冽

佛教進入中國的時期，一般以安世高以後為信史。安世高翻譯的《安般守意經》、《陰持入經》等，多是小乘典籍。道安評價安世高：「博學稽古，特專阿毗曇學，其所出經，禪數最悉。」〔註12〕阿毗曇學，為小乘論藏學，可認定

〔註10〕（東晉）法顯撰，章巽校注：《法顯傳》，北京：中華書局，2008 年 11 月。第8～11 頁。

〔註11〕（唐）玄奘著，辨機撰：《大唐西域記》，《大正藏》第 20 冊，第 870 頁。

〔註12〕（南梁）僧祐撰：《出三藏記集》，《大正藏》第 20 冊，第 43 頁。

安世高為小乘僧人。十六國時期著名的神異僧人佛圖澄，西域龜茲國人，雖然他修習何種經論現在已經不可考，但根據其弟子道安跟隨其學習的情況看，佛圖澄可能為小乘僧人。道安一生分為三個階段，在北方研習禪數學階段、在襄陽弘揚般若學階段，在長安翻譯毗曇學的階段。其中第一個階段基本上可看做是跟隨佛圖澄的階段，這一階段他研習的主要是《十二門經》、《人本欲生經》、《陰持入經》等禪數學經典。到了襄陽，受到南方般若學的強烈影響，又研習般若學。再回到北方的長安後，他又將重心轉向了小乘的「毗曇學」。可見，道安對大乘與小乘都很重視。

　　《高僧傳》的作者慧皎為大乘僧人，故記載小乘佛教僧人較少，尤其記載大小乘僧人之間的矛盾更少，但仍可由《曇摩耶舍傳》窺豹一斑。《高僧傳·曇摩耶舍傳》記載罽賓僧人曇摩耶舍：「善誦毗婆沙律，人咸號為大毗婆沙。時年已八十五，徒眾八十五人，時有清信女張普明諮受佛法。耶舍為說佛生緣起，並為譯出差摩經一卷。至義熙中來入長安，時姚興僭號，甚崇佛法。耶舍既至，深加禮異，會有天竺沙門曇摩掘多來入關中，同氣相求，宛然若舊，因共耶舍譯舍利弗阿毗曇。以偽秦弘始九年初書梵書文，至十六年翻譯方竟，凡二十二卷。偽太子姚泓親管理味，沙門道標為之作序。至宋元嘉中辭還西域，不知所終。」〔註13〕曇摩耶舍號稱「大毗婆沙」，為著名的小乘論師，其所翻《差摩經》、《舍利弗阿毗曇》，都是小乘經論。《舍利弗阿毗曇》由他與曇摩掘多一同翻譯，時間長達十六年之久。

　　尤其是《曇摩耶舍傳》的最後一段，記載曇摩耶舍的弟子法度排斥大乘佛教：「法度初為耶舍弟子，承受經法。耶舍既還外國，度便獨執矯異，規以攝物。乃言：專學小乘，禁讀方等。唯禮釋迦，無十方佛。食用銅鉢，無別應器。又令諸尼相捉而行，悔罪之日，但伏地相向。」〔註14〕

　　這段記載非常重要，講法度本為曇摩耶舍的弟子，在曇摩耶舍歸國後，他就開始明確排斥大乘佛教，禁止他的弟子讀「方等經」，即大乘經典。禁止弟子禮拜十方諸佛，只許禮拜釋迦佛。這都是小乘佛教的要求。法度要求弟子吃飯只使用銅器，比丘尼不得單獨出行等，都是小乘戒律。從慧皎的記載看，法度的學說在當時引起了很大影響：「唯宋故丹陽尹顏瑗女法弘尼、交州刺史張

〔註13〕　（南梁）慧皎撰，湯用彤校注：《高僧傳》，北京：中華書局，1992 年 10 月，
　　　　　第 42 頁。
〔註14〕　（南梁）慧皎撰，湯用彤校注：《高僧傳》，北京：中華書局，1992 年 10 月，
　　　　　第 43 頁。

牧女普明尼，初受其法。今都下宣業、弘光諸尼習其遺風，東土尼眾亦時傳其法。」〔註15〕

### 淨居寺東坡讀書處

　　公元五、六世紀的中國，正值亂世，各方軍閥紛紛逐鹿中原，戰亂與不幸籠罩了整個中國。這種繁華與人命瞬息萬變的社會現狀，與釋迦牟尼生前所處的時代何其相似，小乘佛教那種厭棄人生，厭棄世間的主張得到了一部分人的認可，小乘佛教在中國有了相當的發展。並形成了「毗曇學」與「成實學」兩大學派，這不是偶然的。而與大乘佛教的競爭也日益激烈。《續高僧傳》中的《慧嵩傳》中慧嵩的言行就是這種社會背景的反映：

〔註15〕（南梁）慧皎撰，湯用彤校注：《高僧傳》，北京：中華書局，1992年10月，第43頁。

「釋慧嵩。未詳氏族。高昌國人。其國本沮渠涼王避地之所。故其宗族皆通華夏之文軌焉。嵩少出家，聰悟敏捷，開卷輒尋，便了中義。潛蘊玄肆，尤尟雜心。時為彼國所重。……於時元魏末齡大演經教。高昌王欲使釋門更辟。乃獻嵩並弟。隨使入朝。高氏作相，深相器重。時智遊論師世稱英傑。嵩乃從之聽毘曇、成實。領牒文旨，信重當時。而位處沙彌，更搖聲略。及進具後，便登元座。開判經誥，雅會機緣。乃使鋒銳敵，歸依接足。既學成望遠，本國請還。嵩曰。以吾之博達。義非邊鄙之所資也。旋環鄴洛弘道為宗。後又重徵。嵩固執如舊。高昌乃夷其三族。嵩聞之告其屬曰。經不云乎。三界無常，諸有非樂。況復三途八苦由來所經，何足怪乎。」〔註16〕

太平真君三年（442），北魏襲破涼州，北涼王沮渠無諱率北涼餘眾佔領高昌（今吐魯番地區），次年（443）自立為涼王。文成帝和平元年（460），柔然殺死沮渠安周，立漢人闞伯周為高昌王，是為闞氏高昌（460～491），以後又經歷張氏高昌（491～496）、馬氏高昌（496～502）、麴氏高昌時期（502～640）等時期，直到被唐朝所滅，都是漢人掌權。慧嵩生活的高昌國，正是著名的麴氏高昌時期（502～640），王室為漢人，故《續高僧傳》說：「故其宗族皆通華夏之文軌。」高昌王派慧嵩與其弟到北魏留學，不久北魏分裂為東魏與西魏，高歡掌控東魏，對慧嵩十分欣賞「高氏作相，深相器重。」慧嵩跟隨智遊法師學習毘曇學和成實學，卓有成就，聲譽日隆，高昌王想召其歸國弘法，慧嵩抗命不從，高昌王兩次徵召，慧嵩都抗命不回高昌，高昌王在盛怒之下，斬殺其三族。消息傳到慧嵩那裏，他只是淡淡的告誡弟子：「三界無常，諸有非樂。況復三途八苦由來所經，何足怪乎。」可見其捨棄骨肉宗族之徹底，這完全是小乘佛教人生觀的表現。

尤其重要的是最後一段話：「及高齊天保革命惟新。上統榮望，見重宣帝，嵩以慧學騰譽，頻以法義凌之。乃徙於徐州為長年僧統。」〔註17〕高歡稱帝之後，高僧法上被任命為僧統，深受高歡的器重。道宣說慧嵩依仗自己學問高深，屢次向法上問難，最後被貶到徐州。我們仔細分析，慧嵩所習的成實學，本來就強調人生所有，包括權勢、親情等都是無常之物，他曾告誡弟子「三界無常，諸有非樂。況復三途八苦由來所經，何足怪乎。」怎麼會因妒忌法上的僧統地

〔註16〕（唐）道宣撰，郭紹林點校：《續高僧傳》，北京：中華書局。2014年9月，第247頁。
〔註17〕（唐）道宣撰，郭紹林點校：《續高僧傳》，北京：中華書局。2014年9月，第247頁。

位去和他辯難。所以他屢次去向法上挑戰，實際上是為了維護小乘佛教的地
位，限制大乘佛教的勢力。所以在他被貶到徐州後，「仍居彭沛，大闡宏猷，
江表、河南，率遵聲教。即隋初志念論師之祖承也。」〔註18〕慧嵩以徐州為根
據地，大力弘揚小乘佛教，在黃河以南，長江流域都有很多弟子與信徒。他在
北齊天保年間才去世（551～559）。可見，小乘佛教直到隋朝仍有很大影響，
他們與大乘佛教之間的矛盾是很深的。只是由於後來大乘佛教得勢，小乘論師
的事蹟大多佚失，我們不能知道而已。

## 五、慧思所遭遇的「惡比丘」為小乘僧侶

上文分析了小乘佛教在南北朝時期仍有很大勢力的情況。基於這個論斷，
我們再來分析南北朝時期北方「惡比丘」的情況。達摩的弟子慧可、慧可的朋
友「林法師」都曾被「賊」砍去一隻胳膊：「（慧可）遭賊斫臂。以法御心不覺
痛苦。火燒斫處，血斷帛裹，乞食如故。曾不告人。後林又被賊斫其臂，叫號
通夕，可為治裹，乞食供林。林怪可手不便，怒之。可曰：餅食在前，何不自
裹。林曰：我無臂也，可不知耶。可曰：我亦無臂，復何可怒。因相委問，方
知有功。故世云無臂林矣。」〔註19〕慧可被賊人砍斷了一隻胳膊，他用念經來
抵禦疼痛，用火燒斷臂之處，用衣服包裹傷處，並不告訴別人，繼續乞食。而
後同樣被砍斷一隻胳膊的林法師，則哀嚎終日，需要慧可照顧，最後才發現慧
可也被砍去一隻胳膊。

這裡的「賊」如果理解為強盜是不合適的。因為強盜和竊賊所取者是財物，
除非遇到反抗是不會去傷人的，去搶劫「乞食者」的僧人更是不通情理。我們
認為，這裡的「賊」極有可能是與之對立的僧人雇傭的行兇者。《慧可傳》介
紹：「時有道恒禪師，先有定學，王宗鄴下，徒侶千計。承可說法，情事無寄，
謂是魔語。乃遣眾中通明者，來殄可門，既至聞法，泰然心服。悲感盈懷，無
心返告。恒又重喚，亦不聞命。相從多使，皆無返者，他日遇恒。恒曰：我用
爾許工夫開汝眼目，何因致此諸使？答曰：眼本自正，因師故邪耳。恒遂深恨
謗惱於可。貨賕俗府，非理屠害。初無一恨，幾其至死，恒眾慶快。」〔註20〕

---

〔註18〕（唐）道宣撰，郭紹林點校：《續高僧傳》，北京：中華書局。2014 年 9 月，
第 247 頁。

〔註19〕（唐）道宣撰，郭紹林點校：《續高僧傳》，北京：中華書局。2014 年 9 月，
第 569 頁。

〔註20〕（唐）道宣撰，郭紹林點校：《續高僧傳》，北京：中華書局。2014 年 9 月，
第 567 頁。

道恒法師認為慧可所傳禪法是「魔語」的原因是慧可主張「情事無寄」，那麼顯然道恒法師的禪法是類似「四念處」之類的次第分明的小乘禪法的可能性很大。

因為自己的弟子逐漸被別人奪去，而心生怨恨，訴諸暴力。當然大乘佛教信徒之間也有，著名者如佛陀跋陀羅在長安被鳩摩羅什僧團驅逐的事情，但大乘教團之間的矛盾一般的結果是驅逐，或者通過官府將對方下獄，如果鬧到雇凶傷人的地步，則很少見。我們注意到，與慧可同樣被砍傷的林法師，也是一位對信眾頗有吸引力的論師：「時有林法師。在鄴盛講勝鬘並制文義。每講人聚，乃選通三部經者，得七百人。」〔註21〕林法師所講的《勝鬘經》，也是大乘經典。雇凶者雇兇殺人，不是謀財，將人砍傷而不是砍死，其用意是不能犯下殺人的重戒，其意圖是將人趕走。所以慧可只好南下安微。

無論如何，我們對此的判斷，只是推測雇凶者有可能是得勢的小乘教徒，也有人猜測是僧稠的弟子，但都只是嫌疑很大，並不能坐實。如果說迫害慧可的主謀不能確定的話，那麼迫害慧思的主謀則可確定為小乘教徒無疑。

**明代的大雄寶殿**

《南嶽思大師立誓願文》記載了慧思多次遭到謀害的情況：第一次是在兗州：「歷齊國諸大禪師學摩訶衍。恒居林野，經行修禪。年三十四時，在河南兗州界論義。故遭值諸惡比丘以惡毒藥令慧思食。舉身爛壞，五臟亦爛。垂死

---

〔註21〕（唐）道宣撰，郭紹林點校：《續高僧傳》，北京：中華書局。2014 年 9 月，
　　　第 568 頁。

之間而更得活。初意，欲渡河遍歷諸禪師，中路值此惡毒困藥，厭此言說，知其妙道，即持餘命，還歸信州，不復渡河。心心專念，入深山中。」〔註22〕慧思本想到黃河以北學習「摩訶衍」，即大乘佛法，卻在兗州論義時被「惡比丘」下毒，差點被毒死。無奈返回信州。

第二次是在淮南：「渡淮南入山，至年三十九，是末法一百二十年，淮南郢州刺史劉懷寶共遊郢州山中，喚出講摩訶衍義。是時為義相答，故有諸法師起大瞋怒。有五人惡論師以生金藥置飲食中，令慧思食，所有餘殘，三人噉之一日即死。慧思於時身懷極困，得停七日氣命垂盡，臨死之際一心合掌向十方佛懺悔，念般若波羅蜜作如是言：不得他心智不應說法。如是念時生金毒藥，即得消除，還更得差。從是已後，數遭非一。」〔註23〕

第三次是在光州：「至年四十二是末法一百二十三年。在光州城西觀邑寺上，又講摩訶衍義一遍。是時多有眾惡論師，競來惱亂，生嫉妬心。咸欲殺害毀壞般若波羅蜜義。我於彼時起大悲心念眾惡論師，即發誓願作如是言：誓造金字摩訶般若及諸大乘，瑠璃寶函，奉盛經卷。現無量身於十方國土，講說是經。令一切眾惡論師，咸得信心，住不退轉。」〔註24〕

第四次是在南定州：「至年四十三，是末法一百二十四年，在南定州。刺史請講摩訶衍義一遍。是時多有眾惡論師，競起噁心作大惱亂，復作種種諸惡方便，斷諸檀越，不令送食。經五十日，唯遣弟子化得以濟身命。於時發願：我為是等及一切眾生，誓造金字摩訶衍般若波羅蜜一部，以淨瑠璃七寶作函，奉盛經卷，眾寶高座，七寶帳蓋，珠交露幔，華香瓔珞，種種供具，供養般若波羅蜜。然後我當十方六道普現無量色身，不計劫數，至成菩提。當為十方一切眾生，講說般若波羅蜜經，於是中間若做法師如曇無竭，若作求法弟子如薩陀波侖。發願之後眾惡比丘皆悉退散。」〔註25〕

這裡，慧思講到每次都是在講「摩訶衍」時，引起「故有諸法師起大瞋怒」，並且這些「惡比丘」的目的是「咸欲殺害、毀壞般若波羅蜜義」。而慧思每次都發誓維護「摩訶衍般若波羅蜜」，這不是偶然的，明確地告知了我們，這些「惡比丘」就是因為反對大乘般若經典而加害慧思的。聯想到上節所及，我們就可以知道，慧思遭到迫害的兗州安微地帶，正是小乘教教宗慧嵩以徐州為根

---

〔註22〕（南陳）慧思撰：《南嶽思大禪師立誓願文》，《大正藏》第 20 冊，第 786 頁。
〔註23〕（南陳）慧思撰：《南嶽思大禪師立誓願文》，《大正藏》第 20 冊，第 786 頁。
〔註24〕（南陳）慧思撰：《南嶽思大禪師立誓願文》，《大正藏》第 20 冊，第 786 頁。
〔註25〕（南陳）慧思撰：《南嶽思大禪師立誓願文》，《大正藏》第 20 冊，第 786 頁。

據地,大力弘揚小乘佛教的區域。慧嵩直到天保年間（550～559）才圓寂。那也就是說,慧思第一次遇害時,慧嵩還活著。慧思第二次遇害時,慧嵩仍然可能活著,說明當時小乘勢力仍未衰落。故而筆者認為,迫害慧思的是小乘僧侶,這可以確定的。

慧思南下衡嶽的原因當然很多,譬如說慧思身為漢人,對南朝漢人政權的維護;譬如說在光州遇到的戰亂;譬如說神秘的聲音指示等。但本文想說的是,北方小乘佛教徒對他的迫害或許是最重要的原因,現在佛教史提到南北朝佛教,多談及的是大乘佛教的發展狀況,對小乘佛教在北方的勢力少有涉及,這不符合歷史的事實。

## 六、淨居寺的傳承

唐代淨居寺有高僧道岸（公元654～717年）,唐中宗時曾被迎接入朝廷,為知名律師。傳說如今寺門前尚存的一排五株唐柏,為道岸和尚所栽。宋真宗題名「敕賜梵天寺」石刻五個大字匾額,現仍嵌在門頭上。元豐三年（1080）,蘇東坡因「烏臺詩案」,被貶黃州任團練副史,他從汴京去黃州時,路過光山淨居寺,就在這裡停留休息。他曾在此寫下詩句:「四壁峰山,滿目清秀如畫;一樹擎天,圈圈點點文章。」「鐘聲自送客,出谷猶依依。回首吾家山,歲晚將焉歸」等。後來,淨居寺和尚為他在寺後半山腰林地築了「讀書臺」,至今遺址尚在。後來,他從黃州回汴京時,又途徑光山,並將湖北農民拔秧坐的木馬贈送一張給光山縣令。傳說以後光山農民用的秧馬,就是仿造蘇東坡從湖北帶來的。由此,可見大詩人蘇東坡與光山淨居寺的特殊感情。淨居寺今留有「宋蘇軾遊淨居寺詩並敘碑」。蘇東坡在淨居寺的活動和他的讀書臺,使淨居寺的知名度大提高。淨居寺《記梵天寺後裔僧俗復興序碑》記載:「道生魯直真人」即黃庭堅,也來過淨居寺。

明光山人王相,字夢弼,別號覺軒,明正德戊辰（公元1508年）進士,官至監察御史,贈光祿少卿。他來淨居寺懷古並留詩一首:「風景南來屬大方,乘驄步月陟高崗;九蓮池燦千層錦,七井泉通一派香;古塔曾沾唐雨露,殘碑尚載宋文章;讀書臺畔徘徊久,彷彿當年事未忘。」寺中尚存有明萬曆「皇帝敕粉碑」一通,說明當時的淨居寺仍能引起朝廷注意。但明末戰亂使得淨居寺殘破衰敗。

清代淨居寺有高僧慧門（公元1626～1686年）,法號智勝,四川南充縣人,俗姓李。幼年出家,十五歲至贛州寶華寺受戒,得曹洞正法。清順治十四

年（公元 1657 年）因去登封朝拜少林寺過光山，見淨居寺頹廢，認為自己有責任恢復祖庭：「祖庭陵替，山僧之咎也。」發心重修，並四處講法化緣，使淨居寺殿宇一新，重新為中原名寺。慧門法師圓寂後，弟子為其建塔於蘇谷口，現淨居寺佛殿院內尚有《重建大蘇山梵天寺慧門禪師行繇碑》一通。清康熙皇帝曾關注過淨居寺，今寺內有「欽賜大蘇山梵天寺重建記碑」。

　　淨居寺是河南名寺，天台宗祖庭，經歷了沉浮，於今正在恢復之中。門前的銀杏樹，一樹而三種葉子，傳說為慧思法師親手所植，為寺一景。

# 第十一章　地藏王菩薩的第二道場——嵩山大法王寺

　　在中原地區，嵩山大法王寺作為地藏王菩薩的第二道場的說法為人所知。農曆七月三十日是地藏菩薩的壽辰，每年這個時候，全國各地寺僧，特別是中原地區廣大僧俗，成群結隊，來到法王寺地藏殿，企求幸福、平安。現在這裡每年的七月十五日至七月三十日都要舉行盛大的地藏廟會，以表示人們對地藏菩薩的尊敬與崇拜。

法王寺塔

據說，九華山原為青陽居士閔公（名讓和）所有。地藏菩薩來到九華山後，便向他乞一袈裟之地，閔公答應了他。沒想到袈裟展開後覆蓋了九華山99峰，閔公看到後異常驚喜，於是就把九華山施捨給地藏菩薩，自此，九華山成為地藏菩薩的第一道場。閔公的兒子道明剃度皈依。故現在的地藏殿中，地藏菩薩像的左右脅侍為閔氏父子。地藏菩薩圓寂後，道明看管地藏的肉身。

到了宋代，朝廷開科大選完畢，江南新科狀元蔡景龍回鄉，路經九華山，在地藏王殿看到地藏肉身之體與生人無異，心中驚奇，便想試下是否能出血，趁道明不在時，用小刀朝地藏胸前劃了一下。傾刻，一滴血落在地上，九華山群峰震動。少許，滴過血的地面湧現出一朵七彩蓮花，地藏王菩薩結跏趺坐，相貌莊嚴，令人肅然起敬。蔡狀元心下驚懼，忙叩拜求悔，退出九華山。

道明發現師傅的肉身被刺，惱恨蔡狀元的狂妄，就在九江界殺了蔡狀元。地藏菩薩知道後便喝斥道明：「為何將狀元殺死？做下這樣的惡業，將毀掉你的道業！」道明聽後不以為然，覺得自己受了委屈，就憤而離開了九華山，決心到其他地方開闢自己的寺院。

道明離開九華山，來到嵩山，看到大法王寺雖多年荒廢，香火敗落，但風水很好，於是就在此廣收門徒，講經說法，維護道場。哪知嵩山地區信眾素質頗高，所提有些問題道明不能回答，方知自己失去了地藏菩薩指點，不能精進，難成正果。於是就另建一座大殿堂，塑造地藏王菩薩及十殿閻君之像，晝夜禮拜，誠懇懺悔，請求恩師降臨。

第二年，釋迦牟尼佛在靈山集會說法，地藏菩薩應召赴會。赴會路上，忽然望見一座規模宏大的寺院，裏面竟塑有自己的法像，就到法王寺見了道明。於是，地藏菩薩就在大法王寺現身說法，教化有緣眾生。道明也緊跟地藏，苦心修行，最終成道。

中嶽嵩山上有所謂五大名寺：少林寺、嵩嶽寺、會善寺、法王寺、永泰寺。少林寺、嵩嶽寺、會善寺、永泰寺的創立年代都比較清楚，但法王寺的創立時間，則存在些許爭議。

## 一、法王寺的來歷與早期歷史

唐會昌五年（845）的《釋迦舍利藏志》云：「漢西來釋迦，東肇佛壇。嵩之南麓，法王寺立矣。」據此，則至少在唐代人看來，法王寺就是東漢佛教西來後，在嵩山上建立的。這與傳世文獻的記載剛好一致。明嘉靖十年（1531）

的《重修法王寺碑》記載:「邑之有寺,曰法王者夷,考縣志,建於漢永平十四年,佛入中國之始。」明傅梅《嵩書》卷三記載:「大法王寺,在縣西北十里。備考志傳,乃漢明帝永平十四年創建。」

　　然而,唐代畢竟距離漢代已有五百年之久,唐代的認定究竟是否可靠,有些學者尚有爭議,溫玉成先生認為,元明以來,很多寺院都宣稱創建於東漢,多數是演繹的結果,未必是信史,因此,法王寺「至遲在北魏它確已存在,然而它的創始年代卻已無可考了。」〔註1〕

## 大法王寺

　　我們認為,大法王寺中的兩顆銀杏樹,高 30 多米,周長 5 米左右,植物專家考證樹齡為 2000 年左右。〔註2〕剛好與文獻記載的創立時間相符。由於菩提樹在中國北方無法生長,銀杏樹就被中國佛教徒視為代表佛教的樹種,因而北方山林中古寺廟多的地方,常有古銀杏樹相伴。從這兩顆銀杏樹的位置看,沿著法王寺的中軸線非常對稱,因而是人為種植的可能性很大。因而本文認為,在沒有文獻明確其創立年代的情況下,說法王寺創建於東漢,是有可能的。

　　如此則漢明帝永平十四年(71)創立之說,也許可以成立。康熙五十六年(1717)景日昣的《重修大法王寺碑記》記載:「古法王寺在今寺後隙,於嵩剎為最古。蓋創於漢明帝永平之十四年。先是八年,帝聞西域有神,其名曰佛。

〔註1〕溫玉成:《嵩山大法王寺》,《文物考古》1990年第3期。
〔註2〕鄭州市林業局編:《鄭州市古樹名木目錄》,2005年10月發布。

遣使之天竺求其道，得其書及沙門攝摩騰至京師，置鴻臚寺數年。其教浸廣，西僧來者益多，因作寺，以處其徒，概因鴻臚寺得名。嵩陽之法王，與嵩陽之慈雲，洛陽之白馬同時，並作為佛教入中國作寺之始，蓋在達摩四百年前。」據此，則是因為攝摩騰、竺法蘭在洛陽白馬寺收弟子眾多，況且當時白馬寺還是政府的外事機構鴻臚寺，不宜閒雜人等入住，於是就在嵩山建立法王寺。如此大法王寺就是中國山林佛教的源頭。

那麼，為什麼會選擇在嵩山上建立寺廟呢？這還得從嵩山在中國的顯赫地位說起。因為嵩山一直被認為是天下之中的神山。司馬遷在《史記·封禪書》裏講：「昔三代之居，皆在河洛之間，故嵩高為中嶽，而四嶽各如其方。」其神聖地位體現在夏商周三代的首都都在河洛。夏商周三代定都洛陽的時間長達千年以上，長期以來，嵩山都是距離首都最近的名山，其神聖性不言而喻。《詩經·大雅·嵩高》云：「嵩高維岳，駿極于天。維嶽降神，生甫及申。」則至少在周代，嵩山已經被認為是神靈眷顧的聖山。因而攝摩騰與竺法蘭要在帝都洛陽附近選擇清淨的山林修行的話，嵩山一定會是他們的首選。

明萬曆四十年（1612 年），傅梅《嵩書》記載：「大法王寺，……魏明帝青龍二年（234）車駕駐蹕，更名護國寺。晉惠帝永康元年（300），前增建一寺，名曰法華，元魏孝文帝避暑於此。隋文帝仁壽二年（602）創造舍利塔，又名舍利寺。」可見曹魏時期，法王寺曾改名為護國寺，西晉時期，竺法護翻譯出了《正法華經》，法華信仰興盛，增建法華寺。北魏孝文帝曾到法華寺避暑。

法王寺北朝及以前的歷史，記述及其簡略。北朝時期中國佛寺經歷了北魏太武帝拓跋燾的滅佛以及北周武帝宇文邕滅佛兩次法難，法王寺均在域內，必定被摧殘，而隋初文帝向各地大寺廟分派佛舍利，法王寺能位居其列，說明法難之後，均有恢復重建。

## 二、隋唐時期的法王寺

法王寺的資料，在隋代開始豐富起來。隋文帝楊堅，從小就在寺廟中長大，後來得到天下，一直認為得佛力的佑護，所以建國後極力宣揚佛教。唐《永泰寺碑》記載：「文帝應命，感異稀奇，忽得舍利一瓶，雪毫燦爛，火焚益固，擊之逾明，乃詔天下梵場，令起塔供養，為蒼生祈福也。」隋仁壽二年（602）在法王寺建舍利塔，迎接文帝所送之佛舍利，舍利塔一直保存至今，法王寺也

因存放佛舍利而被稱為舍利寺。該塔為十五級密簷式磚塔，高 35.7 米，周長 28 米，南面有洞門。今一般稱之為「法王寺塔」。

唐代佛教興盛，嵩山又是佛教勝地，法王寺也受到多位帝王的關注。傅梅《嵩書》記載：「大法王寺，……唐太宗貞觀三年（629），敕補佛像，賜莊安禪僧，名曰功德寺。玄宗開元十八年，更名御容寺。代宗大曆元年（766）重修，又更名文殊師利廣德法王寺。」唐太宗早年曾患眼疾，其父李源曾到長安草堂寺為其祈禱。後來李世民因奪天下殺人太多，曾敕令在各地戰場建寺度僧。故李世民在當上皇帝後，敕令修補佛像，安置禪僧，是可能的，他將寺名改名為功德寺是可信的。唐玄宗崇信道教，但對佛教也能包容，從他曾將唐高祖、唐太宗等五位皇帝像供在洛陽太微宮的史實看，他將祖上的畫像供奉在法王寺也有可能，故寺名又變為御容寺。唐代宗大曆元年，改為文殊師利法王寺，這可能是法王寺名稱的最早淵源。

唐代給法王寺留下的遺跡是幾座唐塔，其中的「二號唐塔」地宮中出土了引人注目的「迦陵頻伽盒」，此盒的發現位置，處於一坐化高僧包骨像的正前方。所謂的「包骨像」，就是在高僧圓寂後，不火化，而是用石灰、泥土等將之包裹，塑造成人形的坐像。可能是該僧圓寂後，其弟子將舍利盒一起埋入地宮。非常遺憾的是，我們已經找不到任何資料來揭示此僧的身份。

「迦陵頻伽」是佛經記載的一種會唱歌的護法神，人首鳥身，佛講完經，迦陵頻伽就會唱歌以讚美。法王寺塔出土的「迦陵頻伽盒」，是用和田玉製作的，雞蛋大小。玉人的頭髮是黑色的，翅膀則有藍綠色，可能當時已經有往玉石內灌色的技術。

二號唐塔為單層磚塔。塔身通高 14.05 米，塔體呈方形，邊長 4.35 米，周長 17.4 米，塔身下部為方形塔座，邊長 4.91m，高 0.5m。塔剎總高 2.74m，高度與體量十分突出，裝飾也較為華麗。法王寺唐塔呈現出與以往廡高玲瓏截然不同的風格，顯得敦實厚重。剎座為一低平的須彌座，上置巨大的半圓形覆缽式塔肚，須彌座四隅置巨大的蕉葉形插角，上刻旋花。塔肚上平出巨大蓮瓣八片，覆壓在塔肚之上。其上又斜出八瓣寶裝蓮花，承托巨型石製相輪三重，頂部冠以大寶珠。整個塔剎看起來就是一個雕刻富麗的窣堵波，擁有濃郁的印度風格。唐代中印交流的頻繁，玄奘、義淨等中國僧人西去，善無畏、金剛智、不空等印度僧人東來，印度佛塔製作藝術再一次進入中國。此塔年代久遠，剝蝕比較嚴重，2004 年國家撥款予以重修。2001 年，該塔被國務院公布為第五

批全國重點文物保護單位，曾在地宮中出土了「飛天舍利」盒」，以及三顆佛牙等二十多件國家一級文物。

二號唐塔

唐會昌五年（845）的《釋迦舍利藏志》云：「隋仁壽間，帝敕建浮屠，遣使安佛真身舍利於內，殊因移匿地宮函密之，蓋護寶非不恭也。法門聖物，世遠疑失。誠恐鐫石以記，祈聖門永輝。圓仁、天如，大唐會昌五年。」此碑文明確記載了這些舍利子的來歷，即隋文帝楊堅派高僧送來的。會昌五年，正是唐武宗滅佛時期，對佛教破壞很大，為了保護佛門聖物，只好將真身舍利子埋到地宮裏，因擔心時間久遠，人們不知道這是佛舍利，就刻石以證之。落款是圓仁和天如。

　　圓仁是是日本入唐取經八大家之一，在中國山東、山西、長安等地遊學，前後歷時 10 年，經歷了著名的唐武宗禁佛，後於宣宗大中元年（847）攜帶佛教經疏、儀軌、法器等回國，深得日本天皇信任，遂於比睿山設灌頂臺，建立總寺院，弘傳密教和天台教義，854 年成為日本天台宗延曆寺第三代座主，繼承最澄遺志大力弘揚大乘戒律，住寺 10 年，使日本天台宗獲得很大發展。圓仁有著作百餘部，最著名的有《入唐求法巡禮記》4 卷，與玄奘的《大唐西域記》和馬可波羅的《東方見聞錄》並稱為世界三大旅行記。圓仁圓寂後，清和天皇賜慈覺大師諡號。

　　根據圓仁的路線，他在從長安歸國的途中，經過洛陽，有可能是此時到過法王寺，並與天如一起將佛舍利埋藏，並立碑石紀念。他們當時已經預測到，再次發現舍利可能是很久遠以後的事情了，在一千多年後佛舍利被發現，正好見證了圓仁和天如的預見。

　　白居易是中唐時期的大詩人，他曾經見證了唐代法王寺的興盛。他的《夜從法王寺下歸嶽寺》一詩：「今日看嵩洛，回頭歎世間；榮華急流水，憂患大如山。見苦方知樂，經忙始愛閒；未聞籠裏鳥，飛出肯飛還。」他夜裏從法王寺歸嵩嶽寺，感歎榮華易失，生活工作壓力逼迫，自己一旦領略到了放下的清淨，就不會再回歸競爭激烈的名利場。

　　唐武宗滅佛，大法王寺被破壞，只有幾個塔尚存，法難過後，寺廟再次恢復，但已經沒有以前的規模了。傅梅《嵩書》云：「大法王寺……五代後唐因廢壞之餘分為五院，仍歷代舊稱，曰護國，曰法華，曰舍利，曰功德，曰御容。」可見五代時期法王寺分為五個寺院，規模大不如前。

## 三、宋以後的法王寺

　　傅梅《嵩書》云：「大法王寺……至宋初五院僧願合居，仁宗慶曆八年（1048），增置殿閣、僧僚。重修佛像，賜名嵩山大法王寺。金元與本朝俱因之。」可見宋初，五個寺院再次合併為一個寺院，宋仁宗賜名嵩山大法王寺，一直使用到今。

　　宋代法王寺的情況由於資料不足，只能簡單勾勒。幸河南古建研究院的張建偉先生的研究，我們知道金代有一名為教亨的高僧曾在法王寺給我們留下遺跡。

　　教亨法師是金代著名高僧，據《大明高僧傳》記載，教亨七歲出家，13 歲受戒，一個善於相面的苦瓜先生說：「此兒他日坐道場，必領僧萬指。」年 15

歲到鄭州普照寺參訪寶和尚。經過數年的認真參訪，教亨一日聽到打板聲終於大悟，遂向寶公呈上心偈：「日面月面，流行閃電，若更遲疑，面門著箭，咄！」大概是悟到了萬物無時無刻都在變化，念念不住的佛理，寶公看了後說，以後我不能小看你了，你可以出師講法了。教亨後來到全國各地講法，曾到過「嵩山之法王」，名聲日益顯赫，後被金國宰相請到北京潭柘寺任住持。「三年繼主少林，法席大盛」，曾擔任少林寺住持三年，由於金代承遼制，僧人住持一寺廟任期三年，到時必下，故又出少林。1219 年 7 月 10 日圓寂，《佛祖歷代統載》卷三十記載：「塔於嵩山，……收靈骨建塔焉。」張建偉先生在《嵩山少林寺石刻藝術大全》一書中，發現了《嵩嶽少林寺教亨禪師塔銘》與《法王禪寺妙濟塔銘》，並明確指出塔銘「在法王寺」。〔註3〕張建偉先生考證其位置，應該是在法王寺東山谷，其原來的舍利塔在文革中被毀掉。〔註4〕

月庵海公圓淨塔（元）

〔註 3〕王雪寶主編：《嵩山少林寺石刻藝術大全》，光明日報出版社，2004 年，第 161 頁。
〔註 4〕張建偉：《金代教亨禪師墓塔建於嵩山法王寺考》，// 何勁松主編：《佛法王庭的光輝》，社科文獻出版社，2014 年 12 月，第 256 頁。

　　元代住持法王寺的名僧為復庵圓照，他是元初釋門領袖曹洞宗萬松行秀的弟子，曾在行秀門下參學三年，獲得印可，有「曹洞正宗，方圓靜照」之頌。（《嵩山大法王禪寺第九代復庵和尚塔銘並序》）他曾任少林寺住持六年（1262～1267），並於 1265 年兼任法王寺住持，1267 年退出少林寺，專任法王寺住持。直到至元十一年（1276），到京師大都住持萬壽寺。期間（1265～1276）住持法王寺十年。《塔銘》介紹復庵的為人：「以為佛理不可以不明也，故講經以明義；佛性不可以不悟也，故參禪以悟性；行道不可以不廣也，故隨緣以應物；應物不可以忘返也，故言歸以逸老。」可見其綜合禪教，並非單純的禪師，這也是元代佛教的新趨向。1985 年，山西省五臺山文物處在顯通寺銅塔內發現了一冊《復庵和尚華嚴綸貫》，說明復庵和尚的著作流傳頗廣。

　　復庵圓照之後接任法王寺住持的是月庵福海（1241～1309），他是山西翼城人，五歲出家，年二十到洛陽龍門寶應寺參訪嵩岩圓玉法師，嵩岩玉法師是復庵圓照的弟子，至元丙子年（1276），福海到大都萬壽寺參訪復庵圓照，並受到印可，留在萬壽寺擔任監院。至元庚辰年（1280）到嵩山法王寺擔任第十二代住持。《嵩山法王禪師第十二代月庵海公禪師道行之碑》記載福海到了法王寺之後，「創整叢林，傳法之外，凡諸修造，輪焉奐焉，海會單僚一新，創建安居清眾，通貫十方，經七寒暑。」「海會」一般指僧人的歸葬地，稱為普同塔；單僚可能是指寺內首座或高僧居住的獨房，福海在任法王寺住持的七年間，為僧人建了住處和普同塔，為法王寺做出了貢獻。後來他又住持平頂山香山寺 12 年，濟南靈巖寺 5 年，南陽丹霞寺 1 年，再回香山寺當住持 1 年，北京萬壽寺 5 年，最後圓寂在萬壽寺。靈骨分藏於萬壽寺、靈巖寺、香山寺、法王寺、丹霞寺，皆建有舍利塔，但只有嵩山法王寺的舍利塔尚存。

　　元代法王寺高僧還有無能了學，他是登封曲河人，出家於法王寺，初禮無庵和尚為師，後拜月庵海公為師，成為名僧，至元元年（1335）擔任法王寺住持，大修寺院，使得法王寺面貌一新，《學公禪師碑》記載，寺廟面貌「勝前者百倍」。

　　明初法王寺仍很興盛，是與少林寺、會善寺齊名的著名寺廟。現法王寺塔內供奉有二佛，一前一後，後者為石佛，前者為玉佛，玉佛上刻有銘文：「永樂七年（1409）九月周王生子奉獻。」這個周王即朱元璋的第五子朱橚，洪武三年（1370）封周王，十四年就藩開封府，他是明成祖朱棣的同胞兄弟，經歷了洪武、建文、永樂三個時代，到洪熙元年（1425）才去世。明中期以後心學

興盛，佛學被邊緣化，法王寺也在明中期以後逐漸衰敗。弘治、正德、嘉靖時期，寺廟曾得到修復，明嘉靖十年（1513）的《重修法王寺記》記載：「惜僧舍頹圮，垣墉廡荒廢，鞠為茂竹，夜來古木號風，野花泣露，颯然動人，古今興衰之感。」這次修復是僧祖恩主持的。明代地藏信仰崛起，法王寺也建立了地藏殿，已經不復有元代名僧濟濟的盛況。明末戰亂，法王寺受到波及，只留下大門和大殿，其他都被毀掉了。

### 二號唐塔出土之迦陵頻伽玉盒

清代理學興盛，佛教進一步被邊緣化，法王寺也僅僅是維持存在而已。清康熙十二年（1673）的《重修大法王寺記》記載：「太室之陽，有法王寺焉。昔神光說法，地誦金蓮之地，今荒落日圮。」康熙時名士傅應星《題法王寺》一詩：「古寺殘僧少，荒煙斷碣多。」郡守朱明魁、修撰蔣超、提學僉事史逸裘，先後捐出千餘金，修葺殿宇、方丈室、僧僚等，法王寺才又一次面容整齊。清代碑文提到的法王寺僧行灃彌鞏、適庵、離拓等，在全國也無名氣。

1936 年，劉敦楨到法王寺考察時看到寺院非常破敗，僅存大門，大殿，東西配殿，地藏殿。1963 年，法王寺被公布為河南省重點文物保護單位，國家也先後幾次撥款修復殿堂。文化大革命時期，法王寺停辦。1987 年，釋延佛法師接掌歷史悠久的法王寺，他拖著殘障的身體，到處化緣，籌集資金數億元，把法王寺建為擁有七重院落的宏大寺院，重新恢復了法王門庭的輝煌。1996 年延佛法師經中國佛教協會的批准，出任法王寺方丈，作為法王寺的中興者，可謂實至名歸。